Alain Dister est né à Lyon en 1941. Journaliste, photographe, il est l'auteur de nombreux ouvrages sur le rock. Ses photographies – portraits et paysages – sont exposées à travers le monde dans les galeries et les musées. Le présent ouvrage illustre une passion plus ancienne pour la course automobile, qu'aujourd'hui encore il rêve de pratiquer. Dans la collection Découvertes, il a consacré un précédent volume à l'histoire du rock (*L'Age du rock*).

*A Jimmy Clark,*
*héros de ma jeunesse.*
*In memoriam.*



*Dépôt légal : novembre 1995*
*Numéro d'édition : 69292*
*ISBN : 2-07-053293-3*
*Imprimerie Kapp Lahure*
*Jombart, à Evreux*

# VIVRE VITE
## CHRONIQUES DE LA COURSE AUTOMOBILE

Alain Dister

DÉCOUVERTES GALLIMARD
SPORTS ET JEUX

A peine est-elle née que l'automobile se lance dans de folles compétitions. Les plus populaires sont les Grands Prix disputés à travers l'Europe, sur des routes de terre battue puis sur des circuits permanents. Les spectateurs se pressent, acclamant les coureurs de leur pays. La politique ne va pas tarder à s'en mêler.

## CHAPITRE PREMIER
# LA CONQUÊTE DE LA VITESSE

Le *Petit Parisien* du 5 juin 1904 célèbre la victoire de Théry dans la coupe Gordon Bennett (à gauche). Cigare pointu mû par un moteur électrique, la *Jamais-Contente* de Camille Jenatzy paraît plus calme. Elle a pourtant atteint les 100 km/h en 1900.

Le bruit est assourdissant. Poules, chèvres, vaches, humains... tout le monde s'enfuit à son approche. Bientôt, «elle» surgit dans un nuage de poussière, haute sur pattes, surmontée de personnages masqués, coiffés de grosses casquettes à l'envers et vêtus de manteaux de cuir ou de peaux de bêtes.

L'automobile, à la fin du XIXe siècle, fait encore peur. Dans la traversée des villages, elle est précédée d'un garde champêtre à bicyclette ou à cheval, cornant et criant, afin de prévenir la population du passage du monstre, comme la loi l'exige : les paysans sont plus habitués au rythme des bœufs qu'à celui des chevaux-vapeur. Déjà, cependant, le besoin de compétition pousse les hommes à tirer le meilleur parti de moteurs encore chevrotants, et à lutter contre leurs semblables juchés sur des montures de marques différentes.

Les concurrents du Paris-Rouen 1894, flanqués de leur chauffeur-mécanicien (ci-dessous), portent encore le costume de ville : leurs voitures ne dépassent pas les 30 km/h. Celle-ci est un des tout premiers modèles fabriqués par Peugeot. La marque va s'illustrer dans toutes les courses disputées avant 1914.

## Tragédie sur le Paris-Bordeaux

Le premier exploit automobile est sans doute le «raid» entrepris par Amédée Bollée en 1875, sur un parcours englobant Paris et Orléans, au départ de sa bonne ville du Mans. Sa machine, l'*Obéissante*, frôle les 25 km/h. Elle tient davantage de la diligence à vapeur que du 4x4. Mais, sous son apparence classique, elle recèle une foule de trouvailles techniques dont la plus originale, une suspension à quatre roues indépendantes, assure au moins le confort des passagers.

Une vingtaine d'années plus tard, le 22 juillet 1894, un petit groupe de voitures crachotantes s'élance sur le trajet Paris-Rouen : il n'est pas encore question de lâcher la bride aux grosses Panhard & Levassor, Renault, de Dion et autres Peugeot. La règle du jeu consiste simplement à parvenir à l'étape dans les délais et en bon état. On distribue des récompenses à la quasi-totalité des participants, et l'on se promet de faire mieux l'année suivante.

Le parcours Paris-Bordeaux-Paris, établi en 1895, se révèle plus rude : 1 200 km de mauvaises routes, le plus souvent en terre battue, caillouteuses, à couvrir pied au plancher au volant de véhicules à la stabilité douteuse et aux caprices de trajectoire dangereux. Le bilan est lourd : plusieurs équipages y laissent la vie. Le vainqueur, Emile Levassor, couvre la distance en moins de quarante-huit heures à bord d'une voiture de sa fabrication.

## Déjà la question de la sécurité

Le succès de ce premier Paris-Bordeaux est tel qu'un peu partout des compétitions similaires sont organisées. Côté règlement, c'est encore l'anarchie. Les accidents, nombreux, spectaculaires et souvent mortels, font en effet les délices de la presse qui pose hypocritement la question de la sécurité (au moins pour les spectateurs, victimes fréquentes du manque absolu d'aménagements aux abords des points de passage). Il faut attendre 1900 et la Coupe Gordon-Bennett, disputée sur le circuit de la Sarthe, pour que des limites soient fixées, répartissant les

Les voitures empruntent autant à la technique du fiacre, pour la caisse, qu'à celle du cycle – alors en pleine expansion – pour les roues. Le moteur à essence de la Peugeot n° 27 (à gauche) se révèle moins dangereux que celui à vapeur équipant ses concurrentes de Dion-Bouton. L'une de ces dernières, conduite par Bouton lui-même, couvre les 130 km du Paris-Rouen en un peu plus de neuf heures. Les Peugeot suivent à quelques minutes. Leur légèreté, leur finesse non dépourvue d'élégance, tranchent sur le curieux aspect hybride de la de Dion-Bouton : un tracteur à vapeur, remorquant un demi-phaéton. Plusieurs passagers prennent place dans cet équipage, sans se soucier de la surcharge de poids. Les voitures, quel que soit leur mode de propulsion, évoluent alors à des vitesses plus proches de la promenade que de la course. A la suite de cette première épreuve, le moteur à essence s'impose au détriment de la vapeur, tandis que les performances vont rapidement augmenter... en même temps que le nombre des accidents.

Les frères Renault, Marcel et Louis (ci-contre), courent sur les voitures qu'ils ont fabriquées dans leurs ateliers de Billancourt. Le radiateur profilé à l'avant est caractéristique de la marque.

catégories selon le poids des véhicules. C'est qu'entre-temps l'industrie automobile a diversifié sa production afin de répondre à des demandes de plus en plus spécifiques. Et la compétition est déjà sa meilleure vitrine.

**Sur les routes d'Europe**

La plupart des premières courses, menées sur des trajets routiers depuis Paris – vers Bordeaux, Lyon, Marseille et même Amsterdam, Berlin et Madrid –, sont remportées par les remarquables Panhard & Levassor. La marque y gagne une solide réputation

qui se répercute immédiatement sur ses ventes. Ce qui ne laisse pas indifférents ses concurrents français et étrangers. Renault, son adversaire direct, est touché par le drame du Paris-Madrid en 1903. La course fait tellement de victimes qu'on est obligé de l'arrêter dès Bordeaux. Marcel Renault compte au nombre des morts, tandis que son frère Louis termine deuxième derrière une Mors.

Ailleurs se disputent des courses du même type. Vincenzo Lancia sur Fiat l'emporte en Italie, sur un parcours tracé à partir de Brescia, annonçant les futures Mille Miglia. En Allemagne, on est conscient, comme en France,

La première grande tragédie du sport automobile se déroule durant la course Paris-Madrid, disputée le 24 mai 1903. Plus de deux cents voitures s'alignent au départ. Des bolides puissants et lourds, sans freins ni suspensions dignes de ce nom. Les routes inadaptées pour les vitesses désormais atteintes (plus de 130 km/h), le manque d'expérience de certains pilotes, la foule massée sans protection sur le parcours constituent autant de dangers mortels. Les accidents graves se succèdent. L'une des premières victimes est Marcel Renault (en bas à gauche). Cinq autres pilotes sont tués, ainsi que plusieurs spectateurs. La course est arrêtée à Bordeaux. La presse, qui avait soutenu l'épreuve (ci-contre, *La Vie au grand air* du 30 mai 1903), se fait alors l'écho de l'émotion qui saisit le public. On accuse le gouvernement d'avoir laissé faire cette folie, le menant au bord d'une grave crise politique. Désormais, les courses sur route seront interdites dans la plupart des pays européens, tandis que commenceront à se développer les circuits fermés.

des enjeux politico-économiques de la course automobile. La marque Daimler-Benz adopte son nom de Mercedes sur l'insistance de l'un de ses principaux clients – et pilotes – français, Emile Jellinek, afin de percer sur notre marché sans avoir à souffrir des conséquences de l'esprit revanchard d'avant 14-18.

## Des circuits fermés pour des bolides rustiques

En 1906 le Grand Prix fait son entrée dans le monde de l'automobile. Le terme, emprunté au vocabulaire hippique, désigne alors les courses en circuit fermé (plus tard, dans les années cinquante, il s'appliquera surtout à des épreuves figurant au calendrier du championnat du monde des conducteurs). Il s'agit pratiquement d'épreuves d'endurance : six à dix heures de course échevelée, sur des circuits très longs (plus de 100 km) empruntant des routes en terre battue, fermées pour l'occasion. Les premiers autodromes avec un revêtement en dur sont construits en 1907 à Brooklands, en Angleterre, et en 1909 à Indianapolis, aux Etats-Unis. Sur ces ovales aux virages relevés, priorité est donnée à la vitesse pure.

Les voitures de course de cette époque ont un aspect plutôt rudimentaire. L'accent est mis sur la puissance du moteur, qui atteint des cylindrées considérables : jusqu'à 13 litres pour la Renault de Ferenc Szisz, vainqueur en 1906 du premier Grand-Prix de l'histoire, celui de l'Automobile-Club de France, qui a pris la relève de la Coupe Gordon-Bennett. Il est couru sur un

La chasse aux kilos superflus entraîne le dépouillement des carrosseries (ci-dessous, une Renault). La puissance du moteur passe avant tout. Sur la Mercedes de Jenatzy (en haut à gauche), engagée dans la Coupe Gordon-Bennett de 1905, il occupe la plus grande partie du châssis.

circuit de 108 km, constitué de longues lignes droites et tracé dans la Sarthe. Une innovation : désormais, les voitures tournent en rond au lieu de se ruer d'une ville à l'autre. La Fiat de Felice Nazzaro, vainqueur de l'édition 1907 disputée sur le circuit de Dieppe, est propulsée par un monstrueux moteur de plus de 16 litres de cylindrée. La plus rustique est sans doute la Ford 999 de 1902, simple poutre sur laquelle repose un moteur de 18 950 cc, développant 72 cv. Pilotée par Henry Ford lui-même, cette «chose», qui ne possède ni freins ni changement de vitesses, atteint plus de 140 km/h... en ligne droite.

Les lourds châssis supportant le poids de telles mécaniques ne rendent pas facile la conduite en virages. Les longues lignes droites des premiers circuits permettent aux moteurs de prendre tous leurs chevaux sans que soient déstabilisées les voitures. La règle veut que le pilote soit accompagné de son mécanicien, qui joue un peu le rôle d'un passager de side-car, usant de son corps contre la force centrifuge

Les circuits sont encore en terre battue, meurtrière pour les pneumatiques. La bande toilée recouverte de caoutchouc s'use trop rapidement. Les nombreux arrêts au stand – jusqu'à vingt au cours de la même épreuve – peuvent coûter la victoire. Pilotes et mécaniciens, comme ceux de cette Delage au Grand Prix de l'ACF 1913 (ci-dessus), doivent se débrouiller seuls, sous le regard attentif d'une nuée de commissaires, aussi pointilleux que peu coopératifs.

pour mieux inscrire le bolide dans une courbe. Aux premiers rangs des empoignades émaillant les Grands Prix jusqu'en 1911 figurent toujours les mêmes noms : l'Italien Nazzaro, les Français Szisz et Jenatzy et l'Allemand Lautenschlager.

L'imagerie populaire caricature la vitesse : le pilote et sa monture sont perçus comme des entités menaçantes, autant qu'excitantes. Le dessinateur de l'affiche du troisième Grand Prix de l'ACF s'est souvenu que les monstres font la loi : leurs lignes anguleuses évoquent leur imposante cylindrée, autant que la difficulté à maîtriser leur puissance.

## Un premier affrontement franco-allemand

L'entrée en lice, en 1908, de Mercedes dans les Grands Prix disputés sur le territoire français provoque de vigoureuses manifestations de patriotisme sportif en faveur de ses adversaires. Les Allemands – à qui l'on n'a toujours pas pardonné l'annexion de l'Alsace-Lorraine – sont les hommes à battre. Et ce n'est pas chose facile : remarquablement organisée, l'écurie Mercedes remporte de nombreux succès, dont le troisième Grand Prix de France disputé sur le circuit de Dieppe en juillet 1908. A cette occasion, on voit apparaître les premiers stands, voués essentiellement au remplacement des pneumatiques martyrisés par une piste creusée d'ornières. Victor Rigal doit ainsi observer une vingtaine d'arrêts pour changer les pneus de sa Clément-Bayard...

## L'heure des voiturettes

Les automobile-clubs prennent, à partir de 1908, des décisions de plus en plus complexes pour définir des catégories tout en limitant la puissance des monstres en lice. Vœu pieux : on pense ainsi améliorer la sécurité, tout en permettant à des constructeurs plus modestes de s'aligner au départ des Grands Prix. Ce besoin d'établir des normes fait qu'ici l'on taille dans l'alésage, là dans la hauteur des cylindres, ailleurs dans la consommation de carburant ou dans le poids total en charge, tant et si bien que les grands constructeurs se découragent. Les Grands Prix sont interrompus.

Les gros cubes sont sur le déclin, tandis qu'émerge la catégorie des voiturettes, légères, agiles, et de cylindrée raisonnable.

En 1911, le quotidien *L'Auto* – l'ancêtre de *L'Equipe* – lance une Coupe des Voitures Légères, pour les moins de 3 litres. La petite marque Sizaire & Naudin obtient de beaux résultats dans cette catégorie avec un joli modèle à roues avant indépendantes, technique très avancée pour l'époque. Des noms familiers apparaissent : Delage avec les pilotes Thomas et Bablot, Peugeot avec Georges Boillot, remarquable ingénieur-pilote, et surtout Bugatti. Lorsque reprend le Grand Prix de France au Mans, en 1911, la petite Bugatti de 1 300 cc de Friderich se classe deuxième derrière l'énorme Fiat de 10 litres du «régional de l'étape», Hémery – preuve que la légèreté paie davantage que la puissance brute. D'ailleurs, les Peugeot de Georges Boillot et Jules Goux s'empressent de le démontrer, avec des

Le pilote est toujours accompagné de son mécanicien. On n'est pas trop de deux lorsqu'il faut effectuer une réparation aussi simple que changer un pneu sur ces lourdes machines. Et puis, le «mécano» peut faire contrepoids dans les virages. L'histoire a souvent oublié le nom de ces vaillants auxiliaires, alors qu'elle a retenu celui des pilotes, comme Rigal (à gauche sur Delage, en 1911) ou Boillot (ci-dessous, au volant d'une Peugeot, au départ de la deuxième Coupe des Voiturettes, disputée à Boulogne en 1910). On imagine les difficultés de vision dues à l'imposant capot, qui abrite un moteur doté de cylindres à longue course.

La Lorraine-Dietrich pilotée par l'Italien Minoia rentre à son stand. Les passagers de la voiture s'abritent comme ils peuvent de la poussière et des projections de cailloux. Nous sommes sur le circuit de Dieppe, le 7 juillet 1908, lors du Grand Prix de l'ACF. Les voitures françaises, Lorraine-Dietrich, Brasier, Renault, Mors, Panhard, connaissent cette année-là un cuisant revers face à l'armada germanique, emmenée par la Mercedes de Christian Lautenschlager. Une victoire d'autant plus inquiétante pour l'orgueil gaulois qu'elle est la conséquence, du côté allemand, d'une intense et rigoureuse préparation. La Clément-Bayard de Rigal sauve toutefois l'honneur en se classant quatrième. Tout a été fait pour que l'épreuve se déroule de manière satisfaisante – au moins pour le public, venu très nombreux. Et guère conscient que les tribunes, que l'on vient d'installer, ne procurent aucune sécurité en cas de sortie de route d'un concurrent.

machines équipées du tout premier moteur à double arbre à cames en tête – mis au point par ces mêmes pilotes. Derrière eux, les «bombardiers» comme la Fiat de 14 litres ont désormais du mal à suivre.

Tout le monde est persuadé que Boillot et sa Peugeot ne feront qu'une bouchée de l'armada Mercedes dépêchée au Grand Prix de France 1914 disputé en juillet, près de Lyon. Le sentiment patriotique est d'autant plus fort que la guerre menace. Les Peugeot sont techniquement plus avancées, notamment sur le plan de la tenue de route. Mais chez Mercedes, la rigueur implacable de l'organisation révèle toute son efficacité : leurs voitures sont placées aux trois premières places. Un coup très dur pour l'orgueil gaulois...

**La guerre enterre les grosses cylindrées**

Au lendemain de la Première Guerre mondiale, l'ère des très grosses cylindrées semble avoir vécu. Plus économiques, plus raffinées, techniquement plus

Georges Boillot (ci-dessous) reste l'un des plus grands pilotes de l'histoire du sport automobile français. Ses talents d'ingénieur ont également permis à Peugeot de figurer souvent aux places d'honneur dans les compétitions disputées avant la Première Guerre mondiale. Lors du Grand Prix de l'ACF 1914, sur le circuit de Givors, près de Lyon, Boillot mène la vie dure aux Mercedes avant de s'incliner dans le dernier tour, moteur cassé. On le voit ici sur l'élégante Peugeot profilée de 4,5 litres, avant son abandon.

évoluées, les voiturettes font désormais la loi. A partir de 1922, la cylindrée limitée à 2 litres permet à des constructeurs d'aligner des bijoux comme la Fiat Tipo 804 de Felice Nazzaro, ou la Sunbeam d'Henry Segrave – vainqueurs respectivement des Grands Prix de France 1922 et 1923.

Bugatti et Alfa Romeo se disputent les places d'honneur. On les retrouvera souvent face à face au cours des années suivantes. Chez Alfa, on a embauché les meilleurs ingénieurs autour de Vittorio Jano, concepteur de la glorieuse P-2. Des hommes devenus légendaires : Antonio Ascari, Enzo Ferrari...

Les voitures adoptent les couleurs de leur pays d'origine – bleu pour la France, rouge pour l'Italie, vert pour l'Angleterre et blanc (plus tard, gris argenté) pour l'Allemagne.

La famille belge des Pilette a donné trois générations de pilotes à la course automobile. L'ancêtre, Théodore, est ici au volant de l'une de ces Mercedes qui ont tant inquiété les concurrents français. On retrouvera jusqu'à la fin des années trente, comme une marque de fabrique, les tuyaux d'échappement sortant directement du flanc du capot du moteur. Comparée à la Peugeot, la Mercedes paraît beaucoup moins fine, et surtout moins aérodynamique. Les Allemands compensaient leur manque de sophistication par une plus grande robustesse et une meilleure préparation.

## Bugatti : naissance d'un mythe

L'industrie automobile renaissante entraîne une floraison d'artisans de génie comme Ettore Bugatti, Gabriel Voisin et Louis Delage. Ils mettent à profit l'expérience et le succès populaire des courses pour vendre à une clientèle fortunée des modèles de grand-sport et de luxe. Les mécaniques sont de plus en plus sophistiquées. La recherche de la puissance entraîne

la multiplication des cylindres. Delage aligne ainsi en 1925 un V12 de 2 litres. Les voitures sont basses, effilées, même si l'aérodynamisme n'est pas encore perçu comme une priorité. Bugatti s'en préoccupe pourtant avec le très éphémère cigare (fumant !) aperçu au Grand Prix de France 1922 disputé à Strasbourg.

Les vitesses atteignent désormais sans peine les 200 km/h, sur un revêtement encore rudimentaire. Il faut du courage pour tenir un volant : les cailloux éclatent les pneus, les ornières dévient les trajectoires, les chiens traversent devant les bolides. Mais le spectacle attire du monde, même lorsque les concurrents sont peu nombreux – souvent à peine une demi-douzaine.

Bugatti triomphe en 1928. En l'absence de concurrents sérieux, la petite marque alsacienne domine des Grands Prix sans relief, sinon sans drames (à Monza, lors du Grand Prix d'Europe, la Talbot d'Emilio Materassi fauche vingt-trois spectateurs). L'épreuve est remportée par le Monégasque Louis Chiron, qui se distinguera souvent au volant des agiles Type-35. Plus exotique apparaît le «cigare» Type-30 (en bas), réalisé en 1922 pour le pilote Pierre de Viscaya, qui l'engage au Grand Prix de l'ACF disputé à Strasbourg. L'échappement situé en bout de fuselage confirme le sobriquet accolé à cette voiture. Restaurée et en parfait état de marche, elle s'illustre encore dans les réunions commémoratives des fervents bugattistes.

La crise économique frappant l'Europe dans les années vingt restreint l'effort industriel de pointe. Les constructeurs alignent peu de voitures d'usine. Et rares sont les coureurs possédant les moyens d'acheter leur propre monture. Chez Bugatti, à Molsheim, on produit à l'intention de nombreux pilotes privés la merveilleuse Type-35 à 8 cylindres en ligne, chef-d'œuvre de simplicité mécanique et d'acier poli, qui va s'illustrer dans tous les Grands Prix de 1926 à 1930. A son volant, le pilote monégasque Louis Chiron remporte plusieurs fois son Grand Prix. Il faut dire que le règlement, fixant en 1926 la cylindrée à 1 500 cc, semble avoir été taillé sur mesure pour les voitures françaises. Fiat, Alfa Romeo et Sunbeam sont contraints de passer la main. Et la seule opposition sérieuse aux Bugatti 35 et 37 d'Etancelin, Nuvolari et Chiron vient de la Delage de Robert Benoist, qui leur dispute âprement la saison 1927.

Chef-d'œuvre sorti en 1924 des ateliers Bugatti, la Type-35 a longtemps servi de référence dans le domaine de la voiture de course.

## Alfa Romeo triomphe grâce à la Scuderia Ferrari

Un nouveau changement de règlement (comme il s'en produit en moyenne tous les deux ans depuis les débuts de la course auto) permet le retour des constructeurs étrangers sur la scène sportive. Un âge d'or se dessine pour Alfa Romeo, avec la toute nouvelle Scuderia Ferrari formée à la fin de l'année 1929, et Maserati, dont la 8 C de 2 500 cc remporte de nombreuses courses en 1930, aux mains d'Achille Varzi et de Luigi Fagioli. Le défi relevé par les Italiens tourne dès 1932 à la domination complète des Grands Prix. Alfa Romeo produit alors la fameuse P-3 Monoposto, et révèle deux géants des années trente : Tazio Nuvolari et Rudolf Caracciola.

Deux attitudes des grands rivaux, Rudolf Caracciola au volant de sa Mercedes (ci-dessus) et Tazio Nuvolari (à gauche) dans son jardin. Deux symboles d'un affrontement qui dépasse le cadre sportif pour investir le terrain politique.

Tout les oppose : Caracciola est un grand seigneur, assez riche pour acheter ses propres bolides. Tandis que Nuvolari, fils de paysans, doit sans cesse prouver qu'il est le meilleur pour mériter sa place dans l'équipe officielle. Petit, bagarreur, dur à la souffrance, on l'a vu reprendre le volant très peu de temps après un grave accident et mener une course, la moitié du corps dans le plâtre. Tazio est l'idole des foules italiennes. Il est le seul pilote, au volant de son Alfa Romeo écarlate, capable de tenir tête à la meute argentée des voitures allemandes.

## Les nouveaux challengers viennent de la Forêt-Noire

A partir de 1934, la course automobile prend une dimension nouvelle, quelque peu inquiétante. Les succès des monoplaces rouges de l'Italie de Mussolini – dont Enzo Ferrari lui-même se sent proche – ont éveillé une certaine jalousie dans l'Allemagne d'Hitler. Les deux dictateurs se passionnent pour la course automobile, et leurs gouvernements apportent un soutien financier non négligeable aux constructeurs les plus qualifiés.

Ces camions de la jeune Scuderia Ferrari transportent les pièces des Alfa Romeo P-3 Monoposto, qui luttent sur tous les circuits contre les bolides d'une industrie allemande en pleine renaissance. L'enjeu est simple : quelle volonté de puissance, d'Hitler ou de Mussolini, se manifestera le plus clairement à travers la course automobile ? Le Duce, amateur de belles mécaniques, se fait présenter les derniers modèles de chez Alfa par une équipe d'ingénieurs, de pilotes et de mécaniciens (à gauche). Installé au volant d'une P-3, il incarne pour la presse italienne une certaine idée du fascisme moderniste et aventureux, que le bouillant Nuvolari exalte à sa manière sur la piste. Aveuglement patriotique ou générosité impulsive : ce dernier ne mesure sans doute pas jusqu'à quel point il est l'instrument d'une propagande.

La remise en route de l'économie allemande après la crise de 1929 s'accompagne d'un fort désir de promotion de son industrie face aux concurrents européens. Mercedes reprend alors goût à la compétition, tandis qu'Auto Union – fruit de la fusion des marques Audi, DKW, Horch et Wanderer – fourbit une arme révolutionnaire conçue par Ferdinand Porsche : une voiture de course à moteur central de 16 cylindres en V de 4 360 cc, développant près de 300 cv. Un nouveau règlement (encore !), entré en vigueur au début de 1934, sert magnifiquement les desseins germaniques. Il n'introduit comme seule contrainte qu'un poids maximal de 750 kg. Toute liberté est donc laissée aux constructeurs pour déterminer la puissance de leurs machines – et dessiner les châssis capables de les propulser. Quant aux suspensions, elles ont considérablement évolué, assurant aux voitures allemandes une tenue de route nettement supérieure à celle de la concurrence transalpine.

Chez Mercedes, au contraire d'Auto Union, l'on opte pour une solution classique à moteur avant, avec le modèle W-25 de 3 360 cc développant 350 cv. Et comme la voiture terminée pèse un petit kilo de plus que la limite autorisée, on gratte la peinture blanche jusqu'à la tôle, que l'on recouvre d'une légère pellicule argentée. Un «look» que l'on s'empresse de copier chez Auto Union.

Le bras de fer entre les régimes fascistes allemand et italien encourage une escalade à la puissance qui ne connaît plus de limites. Toute l'industrie germanique s'en mêle, notamment celle des produits chimiques. Pour obtenir le meilleur rendement des moteurs Mercedes et Auto Union, elle fabrique un carburant très spécial (et très explosif !) qui n'a pour inconvénient que de provoquer des nausées chez ceux qui le respirent – les pilotes surtout : la santé de Tazio Nuvolari en restera affectée.

Le pouvoir nazi se sert de la course comme banc d'essais pour son industrie militaire. Les moteurs des Mercedes (ci-dessus) serviront de modèles à ceux des bombardiers de la Luftwaffe.

## La volonté de puissance germanique à l'œuvre

Les circuits très rapides de Monza en Italie et de l'Avus à Berlin, créés en 1922, semblent avoir été taillés sur mesure pour les monstres argentés qui s'y affrontent, débarrassés de toute concurrence sérieuse. On y voit bientôt passer dans un rugissement infernal les Auto Union B à moteur central de 600 cv pilotées par Hans Stuck et Bernd Rosemeyer, bataillant avec les Mercedes W-125 de 6 litres de cylindrée, développant plus de 600 cv, maîtrisées par Rudolf Caracciola et Hermann Lang. Ce dernier l'emporte en 1937 sur l'Avus, à la moyenne ahurissante de 258 km/h, avec des pointes à près de 400 km/h.

Les voitures sont carénées comme des engins de record, et l'on imagine les efforts des pilotes-athlètes pour les maintenir sur la piste en briques à de telles vitesses. Le temps des monstres d'avant la guerre de 14 est revenu, et, à l'horizon, le ciel s'assombrit de nouveau. Le grand Tazio Nuvolari a fini par passer chez Auto Union, pour remplacer Bernd Rosemeyer, tué lors d'une tentative de record de vitesse sur un ruban d'autoroute tout neuf. La dernière victoire de Nuvolari est arrachée à Budapest, le jour même de l'entrée en guerre de la France et de l'Angleterre contre les puissances de l'Axe.

Comme l'ovale d'Indianapolis, l'Avus, à Berlin, est pavé de briques. Ses deux lignes droites parallèles, relevées à leurs extrémités en courbes vertigineuses, autorisent des vitesses de pointe très élevées. Le profil aérodynamique s'impose. Ci-dessous, Auto Union de Bernd Rosemeyer, en 1937.

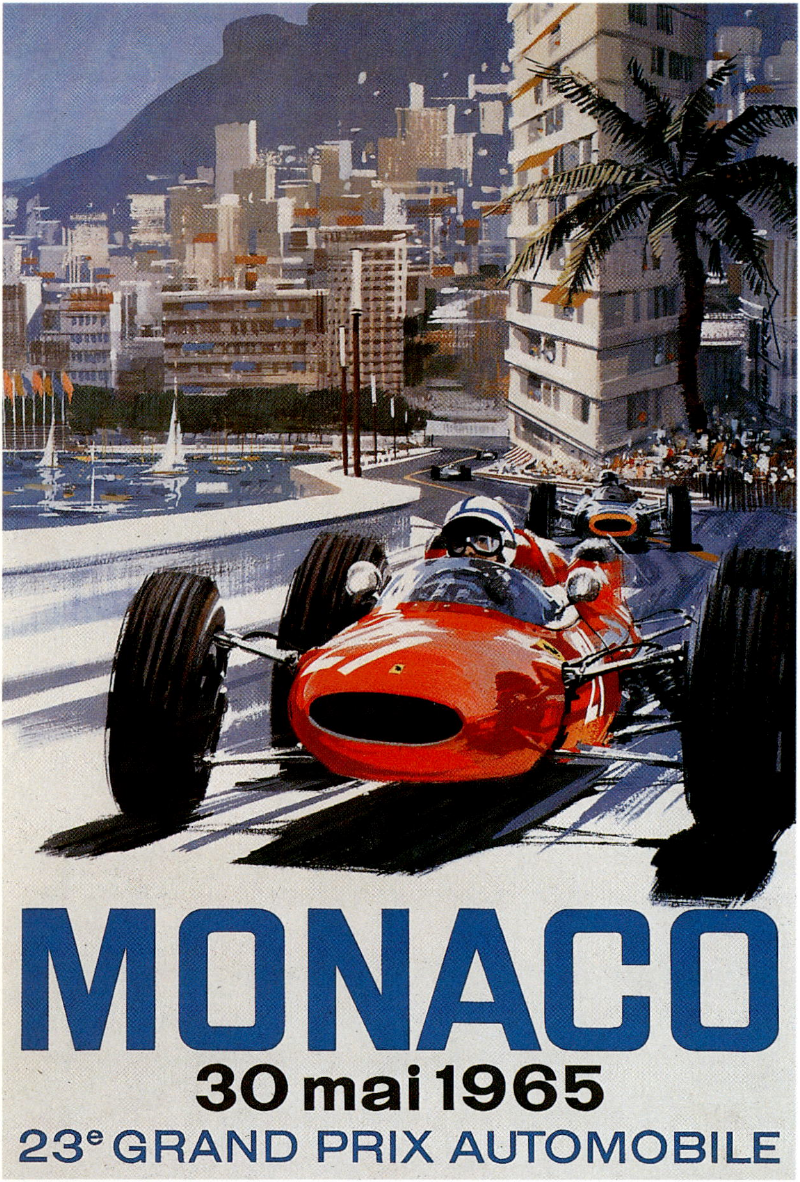
MONACO
30 mai 1965
23e GRAND PRIX AUTOMOBILE

La monoplace est la reine des batailles, sur tous les circuits du monde. Selon sa cylindrée, elle s'inscrit dans une catégorie, ou «Formule». En 1948 naît la plus célèbre d'entre elles, la Formule 1. Les meilleurs pilotes vont s'y affronter au volant de voitures toujours plus performantes et sophistiquées.

## CHAPITRE II
# LA FORMULE 1

L'étalage des marques sur les fuselages (à droite) a beaucoup modifié le visage de la Formule 1. Les nostalgiques se souviennent que, naguère, les voitures ne portaient que les couleurs de leur pays d'origine. Deux époques, deux mondes presque. L'argent, vrai moteur de la F1, a fini par imposer sa loi.

Au lendemain de la guerre, l'activité automobile redémarre modestement dans une Europe traumatisée. La première épreuve, le Grand Prix de la Libération, est remportée par Jean-Pierre Wimille. On y retrouve l'ambiance des Grands Prix d'avant-guerre, même si les voitures ne sont pas de première jeunesse : la Bugatti de Wimille date de 1939. Les autres modèles paraissent encore plus vieux, après des années passées au fond des granges pour échapper aux réquisitions. Lorsque Maurice Trintignant veut faire démarrer sa précieuse Bugatti, le moteur refuse de tourner. Et pour cause : le carburateur est plein de «pétoules», des crottes de souris en provençal. Trintignant y gagne un surnom, le «pétoulet».

Du parc automobile français, il ne reste pas grand-chose. Mais les Italiens ont su préserver le leur. Dès 1948, ils alignent au départ des courses trois marques équipées d'un solide matériel : Alfa-Romeo, Maserati et Ferrari. Cette même année apparaît le terme Formule 1, pour désigner les voitures de moins de 4 500 cc, ou 1 500 cc à compresseur, tandis que la Formule 2 regroupe des modèles de moins de 2 000 cc. Le premier Grand Prix de Formule 1, disputé à Pau, est remporté par la Maserati de Farina.

Le public parisien est le premier à bénéficier du retour de la course automobile après la guerre. Le plateau du Grand Prix du Bois de Boulogne est, en 1945, largement composé de voitures françaises. Tandis que Bugatti, qui l'emporte aux mains de Wimille, brille de ses derniers feux, d'autres marques alignent des bolides, comme la Simca 8 d'Amédée Gordini (ci-dessus) annonçant une évolution. Certes, la voiture est une rescapée des 24 Heures du Mans 1939. Mais sa ligne générale évoque déjà les futures barquettes du sorcier de Viry-Châtillon. En cette année de pénurie, il faut de tout pour faire un plateau de Grand Prix...

## 1950 : le championnat du monde des conducteurs est créé

Aucun titre n'était venu jusque-là récompenser le meilleur pilote d'une saison internationale. Nuvolari, Caracciola, Sommer auraient fait de beaux champions du monde. Les hommes qui leur succèdent, au lendemain de la guerre, sont de la même trempe. Giuseppe Farina, Luigi Fagioli et un certain Juan Manuel Fangio (les trois «F» de l'écurie Alfa-Romeo) sont des types costauds, râblés, puissamment charpentés. Il faut l'être pour maintenir sur la piste des voitures assez lourdes, à la trajectoire capricieuse. Leur coup de volant est impressionnant. Le public peut l'admirer, car l'habitacle des monoplaces est largement découvert et ne dissimule rien des gestes et des mimiques du pilote.

A partir de 1951, ces pilotes portent des casques. Auparavant, ils se contentaient d'un serre-tête, protégeant plus les cheveux que la boîte crânienne. Le casque devient un emblème, sa couleur un signe

La Maserati 4 CLT de 1948 (ci-dessous) est typique des premières F 1 : un moteur de 1 500 cc à compresseur, de larges freins à tambour et un pilote costaud (Luigi Villoresi).

de reconnaissance : bleu ciel pour Ascari, marron pour Fangio, blanc à damiers pour Jean Behra... Le nationalisme exacerbé qui prévalait avant-guerre est plus dilué. Les as du volant sont d'origines très diverses. Juan Manuel Fangio, Onofre Marimon, Froilan Jose Gonzalez sont Argentins, et courent sur des voitures italiennes. Le championnat du monde des conducteurs attire donc l'attention vers d'autres pays, et la gloire du champion profite, chez lui, à la marque qui le fait courir.

## Ferrari en tête

Deux noms reviennent souvent dans l'énoncé des résultats sportifs : «Ascari sur Ferrari». Le pilote et sa monture remportent neuf Grands Prix consécutifs au cours des saisons 1952 et 1953. Un record inégalé à ce jour. Alberto est le fils d'Antonio Ascari, disparu en 1925 sur le circuit

de Montlhéry, près de Paris. Le père courait alors pour l'écurie Alfa-Romeo, qui était dirigée par... Enzo Ferrari. Depuis, celui-ci est devenu constructeur. Belle incarnation du panache à l'italienne, Ascari junior et Ferrari fonctionnent en symbiose durant toute la durée de leur association, de 1951 à 1954.

Face à ce duo, les autres concurrents sont un peu désarmés. En France, la légère monoplace fabriquée par le «sorcier» Amédée Gordini dans ses ateliers de Viry-Châtillon se défend grâce à Robert Manzon, Jean Behra et Maurice Trintignant. Baroudeur du volant, Behra lutte sans aucun complexe contre des voitures beaucoup plus puissantes et remporte même le Grand Prix de la Marne, disputé sur le circuit de Reims en 1952, devant des Ferrari d'usine aux mains d'Ascari, Villoresi et Farina. Il avait amené sa petite Gordini bleu ciel par la route depuis Paris !

Fangio a rarement connu de graves accidents. Pourtant, celui du 8 juin 1952 sur l'autodrome de Monza faillit bien lui être fatal. Arrivé trop tard sur le circuit, il n'a pas le temps de participer aux essais. Comme il est champion du monde, on le laisse tout de même partir mais en dernière ligne. Il pilote pour l'occasion une Maserati aux couleurs bleu et jaune de l'Argentine. Dès le premier tour, il a doublé tous ses concurrents, sauf les quatre hommes de tête. Quatre pilotes Ferrari : Ascari, Farina, Villoresi et le Français Simon. En essayant de les rattraper, Fangio surestime la tenue de route de sa voiture qui part en tonneau. Bilan : vertèbres cervicales endommagées et deux saisons loin des circuits. On ne reverra El Chueco qu'en 1954, au volant des fantastiques Mercedes W 196.

Jean Behra à l'arrêt pour un changement de pneu sur sa Maserati 250 F.

## Le retour des flèches d'argent

En 1954, le règlement de la F1 limitant la cylindrée à 2,5 l permet à Mercedes d'entrer en lice. Plutôt discrets jusque-là, les Allemands veulent manifester à travers la course automobile la preuve de leur redressement économique. Mercedes introduit, avec la W-196, la mode des monoplaces carénées. La place laissée au pilote dans ces machines est étonnamment vaste : Fangio n'a aucune peine à s'y glisser. Pourquoi lui ? Parce que l'Argentine, vieille alliée de l'Allemagne, constitue un marché important pour Mercedes. Et les deux titres de champion du monde (1954 et 1955) qu'il remporte au volant des flèches d'argent sont autant de précieux atouts promotionnels.

Mercedes exploite dans le monde entier la victoire de Fangio au Grand Prix de France 1954.

## Juan Manuel Fangio et Stirling Moss, champions légendaires

Juan Manuel Fangio est devenu à lui seul un véritable mythe. Il a débuté en Europe en 1948, à trente-sept ans, âge auquel la plupart des pilotes songent à la retraite. Lorsqu'il raccroche, en 1958, il possède un palmarès exceptionnel : cinq couronnes mondiales (1951, 1954 à 1957) et plus de quatre-vingts victoires dans toutes les disciplines, de la Formule 1 aux Sport-Prototypes. En travers de sa route, il a surtout trouvé des Britanniques, Peter Collins, Mike Hawthorn et Stirling Moss, de vingt ans son cadet. Moss conduit un peu à la manière de Fangio, la tête légèrement rejetée en arrière, comme pour mieux

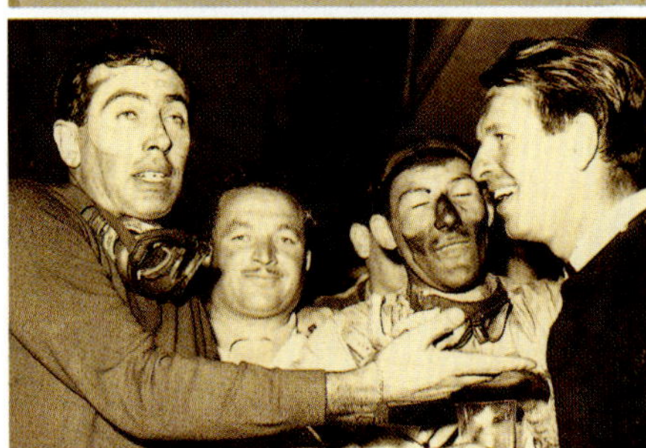

Luigi Musso et Peter Collins encadrent un Moss barbouillé de fumée d'échappement.

apprécier l'obstacle à distance. C'est un fonceur, qui n'hésite pas à affronter des pilotes plus chevronnés et plus populaires. Champion sans couronne, Moss a été quatre fois deuxième au classement final du championnat du monde de 1955 à 1958 et trois fois troisième de 1959 à 1961. Pratiquement durant toute sa carrière, Moss est resté un pilote indépendant, un de ces as du volant que les écuries privées, comme celle de Rob Walker, s'offrent le temps d'une course.

L'affrontement des deux grands champions, Juan Manuel Fangio (ci-dessus à Monaco en 1957) et Stirling Moss (ci-contre), tourne souvent à l'avantage du premier. Le nom du pilote argentin, disparu en 1995, restera symbolique de la conduite sportive. La saga de Moss n'est pas moins exemplaire : il a signé d'innombrables exploits, tel celui de pousser sa voiture, jusqu'à épuisement, au Grand Prix de l'ACF 1956, dans le but de récolter un petit point au championnat.

## La Formule 1 adopte le moteur central

En 1958, le championnat du monde des conducteurs se double de celui des constructeurs. Ainsi, les artisans qui ont bien placé leurs voitures durant toute la saison sans pouvoir bénéficier de la gloire d'un

pilote unique se voient-ils récompensés. L'écurie anglaise Vanwall, dont le pilote vedette, Moss, est venu échouer à un point du titre, est couronnée pour avoir toujours terminé aux places d'honneur.

De profonds changements commencent alors à affecter la Formule 1. Le plus visible est l'apparition de voitures plus petites, comme les Cooper dont le moteur est désormais situé derrière le pilote, en position centrale devant le train arrière. En effet, malgré les constants progrès sur les suspensions, les freins et l'aérodynamisme, les voitures à moteur avant semblent au bout de leur évolution technique. Les monoplaces à moteur central vont désormais dominer les Grands Prix. L'une d'elles porte un joli nom : Lotus.

Aux essais du Grand Prix d'Allemagne 1959, Stirling Moss prête sa BRM au champion local Hans Hermann. Quelques tours plus tard, c'est l'accident (à gauche). La voiture effectue plusieurs tonneaux. Le pilote, éjecté, s'en sort. Les harnais de sécurité ne sont pas encore la règle, et la protection du conducteur est bien dérisoire.

## Jim Clark et Graham Hill

Les pilotes des années soixante n'ont plus le gabarit de leurs aînés. Les monoplaces sont devenues trop fragiles pour être confiées à des poids lourds comme Gonzalez ! Fini le style des grands anciens, le corps à l'équerre dans un large cockpit, les bras arc-boutés sur un gros volant. Le conducteur adopte désormais une

position assez allongée, les bras tendus vers un tout petit volant, le corps maintenu entre les flancs étroits de la voiture.

L'Ecossais Jim Clark est l'archétype de cette nouvelle génération. Petit, léger, il a un style remarquable de précision, de concentration et d'élégance. Au volant de la Lotus 25 monocoque, l'une des plus belles voitures de l'histoire de la F1, Clark est la nouvelle idole des foules. Son casque bleu nuit à visière blanche est suivi avec la même ferveur que celui de Graham Hill, noir à traits blancs verticaux – emblème de son club d'aviron. Hill pilote une BRM (British Racing Motors). Des tonitruants monstres à 16 cylindres produits au début des années

La majorité des voitures sont équipées d'un moteur central-arrière au départ du Grand Prix de Monaco 1960 (ci-dessus). Seules les Ferrari sont encore propulsées par un classique moteur avant. Sur le circuit de la Principauté, légèreté et maniabilité sont des atouts essentiels dont saura profiter Stirling Moss, vainqueur sur la Lotus n° 28.

cinquante au bolide racé à moteur V8 de Graham Hill, l'histoire de BRM est symbolique de l'acharnement de l'industrie anglaise à contrer le dynamisme des productions continentales, italiennes surtout. Hill décroche le titre de champion du monde en 1962, tandis que Clark l'emporte en 1963 et 1965.

## Les pilotes deviennent constructeurs

Un nouveau règlement entre en vigueur pour la saison 1966, portant la cylindrée de 1 500 cc à 3 000 cc. Les monoplaces prennent du poids, en même temps qu'elles perdent la finesse de leur fuselage. Les roues rapetissent, les pneus s'élargissent. Par suite de la défection de leur fournisseur habituel, Coventry-Climax, les principales écuries anglaises – Lotus, Cooper, Lola – sont contraintes d'adapter à leurs châssis le gros moteur Maserati ou le fragile BRM.

Plus habiles, le pilote australien Jack Brabham et son ingénieur Ron Tauranac font réaliser par la firme australienne Repco un moteur parfaitement adapté à leur nouvelle monoplace. Le résultat est à la hauteur de leurs ambitions : deux années de triomphes, partagés avec le Néo-Zélandais Denny Hulme,

L'association Jim Clark-Lotus (ci-dessus) s'est révélée l'une des plus réussies de l'histoire de la Formule 1. Au moins autant que celle d'Ascari et Ferrari, Fangio et Mercedes, Senna et McLaren. Le pilote écossais porte le n° 1, sanctionnant son titre de champion du monde de l'année précédente (1963). En haut, le commissaire indique qu'il ne reste plus que 2 min. avant le départ.

vainqueur en 1967 à la barbe de son patron. Les Brabham ont joué la carte d'une rustique fiabilité plutôt que celle des solutions audacieuses mises en œuvre par Colin Chapman sur la Lotus 49. Leur exemple incite d'autres pilotes à se lancer dans la construction de monoplaces : Bruce McLaren, puis Dan Gurney avec son Eagle, marquent en 1966 leurs premiers points avec des produits maison.

## Les héros foudroyés

Au Grand Prix de Monaco 1967, Ferrari perd l'un de ses meilleurs pilotes, Lorenzo Bandini. Cette tragédie inspire un somptueux requiem free-jazz au saxophoniste Barney Wilen. La saison 1968 n'est pas moins avare en drames. Celui qui frappe le plus durement le sport automobile reste la disparition de Jim Clark, dans une course de Formule 2 sans importance disputée le 7 avril sur le circuit allemand d'Hockenheim. La perfection de son style semblait devoir lui épargner un destin aussi funeste que celui d'hommes au bouillant tempérament de fonceur tels que Peter Collins ou Wolfgang von Trips.

La Formule 1 aura du mal à se remettre de ces tragédies et à retrouver son public, désenchanté après la mort de son héros. Un âge d'or s'achève. Il faudra attendre les exploits suicidaires de Gilles Villeneuve pour que la F1 retrouve, au début des années quatre-vingt, son succès populaire.

Après bien des hésitations, les Ferrari adoptent finalement un profil identique à celui de leurs rivales anglaises. Devenues très compétitives, elles offrent à l'ancien champion motocycliste John Surtees le titre mondial en 1964, un tout petit point devant Graham Hill (BRM). Deux années plus tard, le constructeur italien espère renouveler l'exploit, cette fois avec un pilote du pays, Lorenzo Bandini. Mais les Anglo-Saxons demeurent intouchables. Sur le circuit de Monaco, Bandini (ci-dessous) ne peut rien contre un Stewart en état de grâce sur sa BRM, sinon terminer deuxième après avoir battu le record du tour. Un an plus tard exactement, il périt au même endroit, prisonnier de sa voiture en flammes. Ferrari ne retrouvera pas de sitôt un pilote italien de sa trempe.

A la fin des années soixante, les Formule 1 s'apparentent plus à des avions qu'à des automobiles. Le pilote et constructeur Jack Brabham (à gauche, en 1967) affiche dans ce domaine un esprit résolument jusqu'au-boutiste, au détriment de la sécurité. Sous l'effet de la force centrifuge, dans les virages pris à grande vitesse, les tiges soutenant les ailerons ont tendance à plier, avant de rompre parfois.

## Les sponsors imposent leurs couleurs

Suivant une mode lancée par Chaparral en Sport-Prototypes et Brabham en F1, les monoplaces sont affublées, dès 1968, d'ailerons destinés à plaquer la voiture au sol. Montés haut perchés sur des éléments de suspension, ils se révèlent plus dangereux que réellement efficaces, provoquant de nombreux accidents en course.

A la même époque, les voitures perdent leurs couleurs nationales au profit de celles de leurs sponsors. Seule la Scuderia Ferrari reste fidèle au rouge italien. La Lotus 49 B adopte aussi le rouge, mais c'est celui des cigarettes Gold Leaf. Cette pratique vient du continent américain. Les voitures courant la Panaméricaine entre 1950 et 1954 arboraient des publicités à caractère local. Aux 500 miles d'Indianapolis, les bolides portent depuis longtemps sur leur fuselage les nombreux autocollants des marques associées à leur financement.

D'autre part, les turbulences de l'air qu'ils engendrent déstabilisent les poursuivants les plus rapprochés. Lors du Grand Prix d'Espagne 1969, les Lotus de Graham Hill (ci-contre) et Jochen Rindt seront gravement accidentées à cause de ces ailerons, qui seront interdits. Les monoplaces retrouveront pour un temps leur finesse de naguère.

D'abord hostiles à cet étalage de propagande commerciale, qu'ils jugent contraire à l'esprit sportif de la compétition automobile, les Européens vont l'adopter. Au début des années soixante-dix, Tyrrell roule pour un pétrolier (Elf), March pour des lubrifiants (STP), BRM puis McLaren pour un parfumeur (Yardley). Le spectateur s'y perd : d'une saison à l'autre, le sponsor a changé d'écurie... Parfois – rarement –, il se contente d'apposer sa marque, laissant le concurrent porter ses couleurs nationales. Ce sera le cas avec la Lotus 80, financée par le groupe Essex et Martini Racing.

## Matra : le retour des fusées bleues

En 1968, seize ans après la victoire de la Gordini de Jean Behra à Reims, le bleu de France retrouve une place en Formule 1. Les pouvoirs publics ont pris conscience que la course constitue une vitrine non négligeable pour l'industrie, dans le cas de Matra celle de l'armement aéronautique. Un gros effort est donc consenti pour que la petite écurie Matra de Formule 2 passe la vitesse supérieure, en même temps que ses pilotes, Jean-Pierre Beltoise, Johnny Servoz-Gavin et surtout Jackie Stewart.

Jackie Stewart (ici félicité par Grace et Rainier) remporte en 1966 son premier Grand Prix de Monaco sur une BRM. Deux ans plus tard, la jeune équipe Matra fait appel à lui pour piloter la monoplace MS-10 (au centre) conçue par Ken Tyrrell et équipée d'un moteur Ford.

Digne successeur de Jim Clark, Ecossais comme lui, Stewart signe un véritable exploit au Grand Prix d'Allemagne 1968. L'épreuve est disputée sur le Nürburgring, en Forêt-Noire. C'est un circuit long, sinueux (173 virages), tout en montées et descentes. Le climat y est instable, il peut changer d'une portion de la route à l'autre. Pluie et brouillard sont fréquents. En août 1964, on y a même disputé un Grand Prix sous la neige ! Les maîtres du «Ring», les Rosemeyer, Nuvolari, Caracciola, sont tous passés dans la légende. Se montrer leur égal n'effraie pourtant pas le jeune Stewart en cet après-midi du 4 août 1968. Parti en sixième ligne, sous un déluge glacé qui transforme certains passages du circuit en rivières, il termine à la première place avec quatre minutes d'avance, au volant d'une petite Matra beaucoup moins puissante que ses concurrentes anglaises.

Lotus est alors le grand rival de Matra, grâce au talent de ses pilotes, le Brésilien Emerson Fittipaldi et l'Autrichien Jochen Rindt. Personnage discret, très apprécié par ses confrères, celui-ci a été gravement accidenté en 1968, à la suite de la rupture d'un de ces fameux ailerons. Sitôt remis sur pied, il a repris le volant. Sa saison 1970, sur la Lotus 72, est magnifique. La voiture est d'ailleurs l'une des meilleures, et des plus belles, jamais conçues par Colin Chapman. Rindt remporte cinq Grands Prix, et va gagner le championnat, lorsqu'il se tue à Monza.

Lancés à la poursuite de la Tyrrell de Jackie Stewart, les principaux animateurs de la saison 1971 négocient un virage à grande vitesse sur le circuit de Silverstone (ci-dessous) : Jacky Ickx (Ferrari), Emerson Fittipaldi (Lotus) et Ronnie Peterson (March) font partie de la nouvelle génération de pilotes succédant aux héros des années soixante. Jochen Rindt (en bas, avec Ickx en 1970) aurait été pour eux un concurrent redoutable, si la fatalité ne s'en était mêlée.

Jacky Ickx, pilote Ferrari, deuxième au classement doit donc normalement hériter de la couronne mondiale. Il a alors ce geste extraordinaire : il refuse le titre, qu'il estime revenir à Rindt, même à titre posthume. Ce fait est demeuré unique dans les annales de la Formule 1.

## Niki Lauda, un pilote de feu et de glace

Compatriote de Jochen Rindt, Niki Lauda est, avec le Tessinois Clay Regazzoni, l'artisan du renouveau de Ferrari en 1974. Lauda est exemplaire d'une nouvelle génération de pilotes. C'est un homme fragile en apparence, froid, calculateur. Un remarquable metteur au point. Surnommé l'Ordinateur, il est champion du monde en 1975.

Las ! en 1976, il est gravement brûlé dans un terrible accident sur le circuit du Nürburgring. Un rétablissement miraculeux lui permet d'envisager de triompher à l'issue du dernier Grand Prix, disputé au Japon. Mais les conditions météo sont telles qu'il préfère renoncer après quelques tours, estimant sa vie plus importante qu'un titre mondial. Enzo Ferrari est furieux, et le lui fait savoir. Lauda se tait, rempile en 1977, puis abandonne la Scuderia avant la fin de la saison, après s'être assuré un nombre de points suffisant pour remporter un nouveau championnat...

Niki Lauda porte les traces de son terrible accident de 1976. L'homme, sous son casque, les oreilles bouchées par des boules de cire, est tout entier dans son monde, coupé des autres, absorbé par l'élaboration d'une stratégie de course. Chaque défaut de ses concurrents est pris en compte et utilisé à son profit, au moment et à l'endroit qu'il a, la plupart du temps, déterminés à l'avance. Une telle précision lui a valu un surnom : l'Ordinateur. Et trois titres de champion du monde. Alain Prost s'en est beaucoup inspiré.

LOTUS
FORD

Colin Chapman (ci-dessus), qui applique à ses Lotus les enseignements de l'aéronautique, dont il fut ingénieur : légèreté, aérodynamisme très étudié, structure originale du châssis multitubulaire. Ses bolides possèdent les défauts de leurs qualités : ils sont beaux mais fragiles. Bris de suspension et ruptures d'axes de roues entraînent des accidents parfois tragiques. Les conceptions révolutionnaires de Chapman vont influencer tous ses concurrents. De haut en bas, à gauche : Jim Clark sur Lotus 25 (1962), Graham Hill sur Lotus 49 B (1969), Jochen Rindt sur Lotus 72 (1970) ; à droite : Ronnie Peterson sur Lotus 79 (1978), Elio de Angelis et la Lotus 88 (1981), Ayrton Senna sur Lotus 97 T (1985).

## La F1 met le turbo

Après l'épisode tragi-comique des ailerons perchés sur de hautes tringles, l'aérodynamisme des voitures a été complètement repensé. Leur vitesse en ligne droite n'a pas sensiblement augmenté par rapport à celle des bolides surpuissants d'avant-guerre – Mercedes, Auto Union, Alfa «bi-motore». L'amélioration des performances sur un tour de circuit tient à l'augmentation de la vitesse dans les virages. Pour cela, il a fallu renforcer l'appui des voitures, c'est-à-dire les plaquer au sol à l'aide de toute une panoplie d'appendices aérodynamiques. La fine élégance des monoplaces de la formule 1 500 cc laisse place à des lignes biscornues.

L'innovation majeure de la décennie apparaît au Grand Prix de Grande-Bretagne, à Silverstone, en juillet 1977 : Renault présente une Formule 1 animée par un moteur turbocompressé. Les Anglais ricanent, baptisent l'engin la «Cocotte-Minute»... avant d'aller s'enfermer dans leurs bureaux d'étude pour examiner le bien-fondé d'une semblable technique.

## Novateurs et tricheurs

L'augmentation de la puissance entraîne de nouveaux problèmes d'adhérence, notamment dans les courbes à grande vitesse. Pour coller la voiture à la route, Colin Chapman utilise «l'effet de sol». Le dessin du fond de caisse canalise l'air à grande vitesse en plaquant la voiture au sol. Ce dessin évoque une aile inversée, donnant son nom à la «wing-car». A son volant, Mario Andretti remporte le championnat en 1978. Sa Lotus 78 à effet de sol est une nouvelle réussite sur le plan technique et esthétique. Une fois de plus, Chapman a montré la voie, ses concurrents vont encore devoir l'imiter.

Seul Brabham s'offre une touche d'originalité avec le système imaginé par l'ingénieur-rocker Gordon Murray : un aspirateur placé à l'arrière de la voiture, qui, tout en la plaquant au sol, projette poussières et gravillons dans le nez de ses adversaires... Sous la pression des autres constructeurs, Brabham et son mentor, Bernie Ecclestone, devront faire marche arrière.

Exubérants comme Gordon Murray (ci-dessous), fan des Sex Pistols et concepteur des très controversées Brabham, ou secrets comme John Barnard, que McLaren et Ferrari se sont longtemps disputé, les ingénieurs

sont célébrés comme des vedettes à part entière. Leur talent se monnaie aussi cher que celui des pilotes de haut niveau.

En 1981, Colin Chapman doit mener une sévère – et vaine – bataille contre les mauvais génies de la Fédération internationale du sport automobile (FISA) pour imposer l'une de ses plus belles idées, la Lotus 88 à double châssis. De son côté, la Brabham – encore elle ! – utilise un système de positionnement de la voiture en course qui constitue un véritable défi aux règlements. En effet, le pilote peut modifier la garde au sol après le départ, l'abaissant au-delà du seuil enregistré lors des contrôles précédant la course... Dans la même veine, on verra les Tyrrell disqualifiées pour toute la saison 1984, le réservoir des voitures contenant des billes de plomb pour augmenter l'indice d'octane du carburant...

Ce genre de tricherie avec le règlement n'est pas rare. Il est en tout cas moins honorable que les solutions résolument novatrices de Colin Chapman. Ou celles de l'ingénieur John Barnard, concepteur d'un ensemble ultra-rigide en carbone-kevlar pour la McLaren MP 4, une idée qui sera bientôt adaptée par tous les constructeurs.

Les Français ont toujours voulu faire bonne figure dans le championnat du monde de Formule 1. Mais les armes leur ont souvent fait défaut. Après la belle série de succès enregistrés par Matra avec Jackie Stewart en 1968 et 1969, il faut attendre 1977 pour assister au triomphe d'une nouvelle voiture bleue, la Ligier de Jacques Laffite. A son tour, après plus de soixante années loin des circuits, Renault revient à la course au plus haut niveau. Son moteur turbo, peu fiable au début, va bientôt inspirer ses concurrents. Ci-dessus, Jabouille sur Renault Turbo au Grand Prix d'Angleterre en 1977.

## Des pilotes français sur le podium

De Raymond Sommer, premier à se distinguer, en 1948, au volant d'une Ferrari monoplace à Jean Alesi, la liste des pilotes français de Formule 1 peut paraître longue. En réalité, leur nombre ne devient significatif qu'à partir du milieu des années soixante-dix. Des courses de promotion comme celle mise en œuvre par le pétrolier Elf ont alors permis l'éclosion de talents capables de rivaliser avec les meilleurs volants britanniques, italiens ou brésiliens. Patrick Depailler, Jean-Pierre Jarrier, Jean-Pierre Jabouille (aujourd'hui directeur de Peugeot Sport), Jacques Laffite, Patrick Tambay, René Arnoux, ont tous connu des succès remarquables, parfois même dans des voitures françaises comme Ligier ou Renault. En cela, ils renouent avec une tradition gauloise de bravoure, de ruse et d'attention aux détails techniques, merveilleusement illustrée avant-guerre par les Rosier, Wimille, et autres Etancelin. Alain Prost, venu du karting, se détache du lot.

En 1983, les hommes de Renault espèrent jusqu'au bout le voir décrocher son premier titre de champion du monde. De petites erreurs de stratégie leur font perdre la partie, au bénéfice de Nelson Piquet sur une Brabham-BMW, lors du dernier Grand Prix, en Afrique du Sud. Passé chez McLaren, Alain Prost parvient enfin à dominer le championnat. Après une saison 1984 magnifique aux côtés de son maître Niki Lauda, il devient en 1985 le premier pilote français à coiffer la couronne mondiale.

La McLaren MP 4 (ci-dessus) est sans doute la monoplace qui a connu le plus de succès dans l'histoire de la Formule 1. Conçue par l'ingénieur John Barnard autour d'un châssis révolutionnaire en carbone-kevlar, elle s'est régulièrement imposée aux mains de grands pilotes – Niki Lauda, Alain Prost (à gauche), Keke Rosberg, Gerhard Berger et Ayrton Senna (à droite). Huit titres mondiaux consécutifs sont venus la récompenser entre 1984 et 1991, aussi bien dans le championnat des conducteurs que dans celui des constructeurs. En 1988, la McLaren, propulsée par un moteur Honda turbocompressé, remporte tous les Grands Prix, sauf un, malgré – ou à cause – de la rivalité opposant ses deux pilotes, Prost et Senna, seuls à se battre en tête, loin devant leurs concurrents.

La même année, l'écurie Lotus, équipée du moteur Renault turbo, engage un jeune prodige : Ayrton Senna. Sa victoire, la première, dans un Grand Prix du Portugal entièrement disputé sous une pluie battante, est une phénoménale démonstration d'équilibre, un moment d'anthologie du sport automobile. Le pilote brésilien y gagne un surnom : Magic.

## Senna et Prost, un duel au sommet

En 1988, le moteur Honda V10, qui équipait les Williams en 1986 et 1987, passe dans le camp McLaren, dirigé d'une poigne de fer par Ron Dennis. Celui-ci achète – cher – les services d'Ayrton Senna. La cohabitation avec Alain Prost va rapidement devenir délicate.

Ils ont tous deux accédé à la course automobile après de brillantes saisons en karting. Si cette formation les rapproche, tout, dans leurs caractères, les oppose. Jamais Prost ne prend de risque inutile. Ses courses sont méticuleusement gérées, après de longues séances de mise au point de la voiture. On a surnommé ce digne héritier de Niki Lauda le Professeur. Senna est moins un gestionnaire de ses courses qu'un redoutable battant, à n'importe quel prix. Les risques qu'il encourt, et fait courir aux autres, évoquent plutôt Gilles Villeneuve. Mais un Villeneuve mâtiné de Clark et de Lauda, maître des éléments, et remarquable metteur au point de ses monoplaces. Pour Prost, gagner est le résultat logique d'une stratégie bien menée. Pour Senna, c'est une obligation morale, un défi qui l'amène à oublier les consignes de son écurie. La lutte de ces deux géants rappelle aux vieux spectateurs celle qui opposa Moss à Hawthorn, Clark à Graham Hill, Villeneuve à Pironi...

La course automobile compte peu de héros de la trempe du Brésilien Ayrton Senna. Son panache, sa rage de vaincre cohabitaient fort bien avec un sens aigu de la mise au point de ses monoplaces. Son talent, dans les pires conditions, lui ont valu le surnom de Magic.

## La télévision impose ses diktats

Au fil des années, le spectacle a bien changé. Fini le temps où les spectateurs se pressaient au ras des fascines, avec les conséquences tragiques que l'on sait. Les stands, où le public pouvait admirer les bolides, sont devenus des lieux secrets. On ne sait plus rien des réglages, on aperçoit rarement un détail mécanique. Chacun copiant la concurrence, les plus inventifs se méfient, ne révélant leurs trésors qu'aux commissaires sportifs chargés de les contrôler.

Les pilotes sont devenus des stars plus protégées que des vedettes de cinéma. Une part de la magie s'est envolée. Les voitures tournent, très vite, lointaines. Pour bien profiter d'un Grand Prix, il faut désormais le regarder à la télévision, le prix des places étant lui-même dissuasif. La course devrait pourtant demeurer une fête des sens. Pour admirer la ruse de tel pilote, l'attaque de tel autre, dans un dépassement réputé impossible. Pour entendre le feulement ou le cri rauque d'un moteur, cette chanson des échappements entortillés comme des spaghettis. Pour imaginer les pièces en mouvement, l'acier poli, bruni par l'huile surchauffée. Pour apercevoir l'éclair orange d'un frein au carbone à l'entrée d'un virage... Un long poème walkyrien de métal en action, mis en œuvre selon une véritable liturgie.

## Des Grands Prix soumis à un rituel

Le plateau est constitué de vingt-six voitures, soit treize engagées. Ce système présente l'inconvénient d'aligner des concurrents peu compétitifs, dans le seul but de réunir le nombre convenu de participants. Les pilotes privés, propriétaires de leur voiture, n'ont plus accès aux Grands Prix. Et les écuries les plus pauvres n'engagent que des conducteurs susceptibles de leur fournir le soutien de généreux sponsors. Un monde sépare les vedettes des écuries de pointe, royalement payées plusieurs millions de francs par saison, de ceux qui doivent monnayer leur volant au sein d'une équipe, avec la quasi-certitude de ne jamais gagner...

Une fois le plateau réuni commence le cérémonial du Grand Prix. Il va se dérouler sur quatre jours.

Faut-il ravitailler en cours d'épreuve ? Pilotes et constructeurs se méfient de ces arrêts intempestifs et dangereux. En 1994, lors du Grand Prix d'Allemagne, de l'essence se répand sur l'échappement brûlant de la Benetton de Jos Verstappen. En un instant, la voiture prend feu. L'incendie, sans dommage pour le pilote et son équipe de mécaniciens, est rapidement maîtrisé (en bas). Le public a parfois du mal à suivre le déroulement de l'épreuve, faussée par ces passages au stand où tout se joue à coups de dixièmes de seconde. Mais les instances dirigeantes ont décidé que cela ajouterait au spectacle, télévision oblige. Cette loi du spectacle a trop souvent tendance à primer sur celle du sport. Et le public se méfie de plus en plus des «combines» destinées à le maintenir en haleine jusqu'au terme de la saison.

SASOL

FOSTER'S
CAMPARI

Le profil des voitures varie selon les circuits. L'aileron arrière de la Jordan de Rubens Barrichello (en haut à gauche) est destiné à fournir de l'appui dans les virages d'un circuit tourmenté comme celui de Monaco (en bas à gauche). Le type de pneumatiques, changés en 7 à 9 secondes, correspond à la qualité du revêtement (ci-dessus Mansell à Jerez en 1990). Lorsque le feu vert du départ est donné, chaque monoplace est au summum de sa mise au point.

Le rituel est immuable, retransmission télévisée oblige : essais libres le jeudi et le vendredi ; essais officiels le samedi de 13 heures à 14 heures, afin de déterminer l'emplacement sur la ligne de départ, le meilleur s'installant en «pole position», c'est-à-dire à la corde du premier virage ; «warm up», ou galop d'essai, le dimanche matin ; départ enfin entre 14 heures et 15 heures, selon le pays.

La Formule 1 est désormais un spectacle total, asservi à des droits de diffusion très importants. Les sponsors dont les couleurs et les logos ornent les fuselages des voitures veulent y trouver leur compte. Et l'on peut se demander jusqu'à quel point les plus importants, pétroliers et fabricants de cigarettes en tête, ne pèsent pas sur les décisions techniques et sportives prises au plus haut niveau.

Les stands d'une écurie de Formule 1 moderne ressemblent à un laboratoire encombré d'électronique (à gauche).

Quant au concept de nation, il a disparu : les Formule 1 sont presque toutes fabriquées en Angleterre, tandis que leurs composants (moteurs, freins, éléments électroniques) viennent des quatre coins du monde. Seule la Scuderia Ferrari porte, de manière indiscutable, son empreinte italienne.

Dès 1983, l'informatique s'est glissée un peu partout, de la gestion du moteur à celle des suspensions. Ces systèmes sont vivement critiqués au sein de fédérations cherchant à ménager les petits constructeurs qui n'ont pas les moyens de s'équiper.

## La mort d'Ayrton Senna ou la sécurité en question

La saison 1994 commence sous des auspices prometteurs. Mais l'affrontement attendu entre le maître, Ayrton Senna, sur cette Williams-Renault qu'il a tant convoitée la saison précédente, et le jeune loup, Michael Schumacher, sur une Benetton très affûtée, n'aura jamais lieu. Un dimanche de mai ensoleillé, sur le circuit d'Imola, un casque jaune va se fracasser à 250 km/h dans la courbe de Tamburello

– dernier épisode d'un Grand Prix fertile en tragédies. La disparition brutale de Senna est aussi cruellement ressentie que celle de Jim Clark vingt-six ans auparavant, avec les mêmes conséquences : une baisse de la popularité de la F1. La question de la sécurité est de nouveau posée. La protection, accrue

Lorsque s'achève la saison 1993, consacrant une fois encore Alain Prost, le moteur Renault est convoité par les meilleurs pilotes, au premier rang desquels Ayrton Senna. Prost annonce sa retraite et lui abandonne son baquet dans la Williams championne du monde. Mais le règlement, bannissant toute assistance électronique, rend la monoplace moins performante que sa nouvelle concurrente, la Benetton-Ford de Michael Schumacher. Il faut tout le talent de Senna pour devancer celui-ci, au moins à l'issue des essais qualificatifs. La saison 1994 s'annonçait passionnante. Mais la fatalité s'en est mêlée, un triste dimanche 1er mai, à Imola, dans l'un de ces Grands Prix où les malheurs n'arrivent jamais seuls : accident mortel de Ratzenberger aux essais, collision sur la ligne de départ, spectateurs blessés, confusion dans les stands... Et puis Senna, tirant tout droit dans la courbe à grande vitesse. Juste avant le départ, il avait eu ce mot pour Prost : «Alain, tu me manques !» Sa disparition a déclenché un vaste mouvement de ferveur populaire (ci-contre, au Brésil, sa terre natale).

depuis l'obligation de la coque de sécurité en carbone, ne peut s'étendre jusqu'à supprimer les effets de la vitesse ou des chocs frontaux sur les organes internes. Les pilotes modernes, véritables athlètes, sont aussi des êtres de chair. Et les limites de leur résistance, par exemple aux effets de l'accélération, analogues à ceux encourus par un pilote supersonique, ne sont pas infinies. Pourtant, ils sont prêts à encourir ces nouveaux dangers. Rien ne saurait remplacer le rush d'adrénaline, quand le temps rétrécit et que la pulsation cardiaque monte à plus de 100. On peut parler de drogue : plutôt que «raccrocher», le pilote en fin de carrière doit apprendre à «décrocher».

Michael Schumacher, sur la plus haute marche du podium, célébrant une nouvelle victoire dans un déluge de champagne (à gauche) : une image devenue familière. Pour ses supporters allemands (à droite), qui le suivent sur tous les circuits, c'est l'occasion de célébrer le digne héritier des Caracciola, Rosemeyer et autres von Trips.

## Le choc des grandes marques

Après des années de bagarres entre les fournisseurs de moteurs, Renault, Ford et Honda, c'est devenu manifeste : les principaux groupes de l'industrie automobile ne peuvent plus se passer de la Formule 1, sans doute davantage pour des raisons promotionnelles que purement techniques. Ainsi Mercedes, Peugeot, Renault, Fiat – *via* Ferrari – et Honda doivent se mesurer aussi bien sur la piste que dans les réunions des fédérations, où l'on chicane le moindre détail de construction des voitures, réduisant chaque année un peu plus la marge de manœuvre des ingénieurs.

La Formule 1 a cessé d'évoluer par bonds décisifs, le progrès se fait moins visible, les voitures finissent par toutes se ressembler, ne changeant guère, en apparence, d'une saison à l'autre, plus classiques et plus sobres que leurs homologues des années soixante-dix – qui laissaient libre cours à la fantaisie de leurs concepteurs, à leur génie inventif. Tout le monde souhaite l'arrivée du prochain sorcier qui, tel Colin Chapman, parviendra à bouleverser la règle du jeu.

La Formule 1 est devenue un enjeu pour les constructeurs. Comme Renault, Peugeot a repris le chemin des circuits.

GOODYEAR
Agip
EniChem
27
MAGNETI MARELLI
WEBER
GOODYEAR
GOODYEAR

Le nom de Ferrari est lié pour toujours à l'histoire de la course automobile. La popularité du constructeur italien est telle que l'on ne saurait même envisager la survie de la Formule 1 sans la robe écarlate de ses merveilleuses machines, source de rêve pour des milliers de *tifosi*.

CHAPITRE III

# LE MYTHE FERRARI

Avant de devenir constructeur, Enzo Ferrari (à droite) a été pilote. Au volant des Alfa Romeo, il remporte plusieurs victoires au milieu des années vingt. Cette expérience lui donne le goût du risque et du panache, des qualités qu'il exigera des pilotes de son écurie. Il faut du talent pour mériter de s'installer dans une Ferrari de Formule 1, mais aussi une certaine folie, et de la bravoure. Nigel Mansell (à gauche, en 1989) a tout cela.

La vocation d'Enzo Ferrari naît en 1908, lorsque, à dix ans, il assiste à une course qui réunit les deux grands pilotes italiens de l'époque, Vincenzo Lancia et Felice Nazzaro. En 1919, il débute à son tour dans la compétition, au volant d'une rudimentaire CMN (Construzione Mechaniche Nazionale) : un gros moteur posé sur deux poutres faisant office de châssis, avec des roues à rayons en bois. On le voit aussi à la Targa Florio, qu'il termine en deuxième position en 1920 sur une Alfa Romeo de 4,5 litres. Dès lors, il entre dans l'équipe officielle de la marque, aux côtés des Campari, Wagner, Ascari (père).

## Le petit cheval cabré entre en piste

Ferrari adopte bientôt comme emblème le petit cheval cabré (*cavallino rampante*) qui avait été le signe de ralliement de l'escadrille de Francesco Baracca. Toutes ses voitures seront marquées d'un cheval noir sur fond jaune, la couleur de Modène.

Le coup de volant de Ferrari excelle dans les courses de côte. Il les préfère aux circuits, où la vitesse des Alfa P-2 créées par Vittorio Jano l'impressionne. Sur les parcours routiers, c'est un redoutable concurrent, témoin sa victoire aux Mille Miglia de 1931, sur une Alfa Romeo. A gauche, Francesco Baracca (en haut, à gauche), as de l'aviation italienne tué durant la Première Guerre mondiale, à qui Enzo Ferrari empruntera l'emblème du petit cheval cabré.

Dès 1929, il crée la Scuderia – l'écurie – qui porte son nom et travaille exclusivement avec Alfa Romeo. Les véloces P-2 et P-3 vont s'illustrer aux mains d'hommes entrés dans la légende, Tazio Nuvolari, Achille Varzi, Giuseppe Campari, Guy Moll, Louis Chiron... Mais Ferrari ne se contente pas de faire courir les pilotes de son écurie. Il vend aussi, fort cher, des Alfa taillées pour la course à des clients privés. Voir triompher un Italien au volant d'une voiture italienne est pour lui une grande joie. Le pouvoir mussolinien lui décerne le titre de Commendatore, qu'il conservera toute sa vie – malgré l'abrogation de cette distinction au lendemain de la guerre... Ferrari, lui, préfère qu'on l'appelle *l'ingegnere*, titre *honoris causa* que lui décernera l'université de Bologne en 1960.

Le prototype Alfa Romeo 8C 2,3 l s'apprête à effectuer ses premiers tours de roues sur l'autodrome de Monza, en 1931. Enzo Ferrari (en casquette, au milieu de ses pilotes) est devenu le directeur de course de la marque milanaise. Nuvolari (le troisième à gauche), Campari, Varzi seront ses meilleurs conducteurs.

## Tazio Nuvolari, le «campionissimo»

Le Diable rouge est le champion préféré d'Enzo Ferrari. Il a, comme lui, la fibre nationaliste. Au Grand Prix d'Allemagne de 1935, où il mène sa petite Alfa Romeo à la victoire devant les Mercedes et les Auto Union, il exige qu'on hisse les couleurs avec un drapeau italien flambant neuf...

Pilote complet, Tazio Nuvolari s'illustre dans toutes les disciplines, Grands Prix, courses d'endurance, Mille Miglia et même des records de vitesse pure : avec la célèbre Alfa «bi-motore», équipée de deux groupes propulseurs (un à l'avant, un à l'arrière), un monstre de 540 cv, il atteint en 1934 les 365 km/h en ligne droite ! Le monstre d'Alfa Romeo ne se révèle toutefois pas en mesure d'inquiéter celui, plus puissant ou plus solide, développé par Ferdinand Porsche pour Auto Union.

Nuvolari est capable de maîtriser les voitures les plus puissantes de l'époque, comme cette Alfa Romeo «bi-motore» (à gauche), destinée à battre des records de vitesse en ligne droite. Ce monstre mécanique se révèle difficile à manœuvrer sur un circuit tourmenté, malgré le talent du pilote italien.

Trait d'humour, Tazio Nuvolari, le coureur le plus rapide de son temps, a adopté la tortue comme emblème. Elle décore le fuselage de l'avion qu'il s'est offert en 1940, juste après avoir passé son brevet de pilote (à gauche).

## Les premières Ferrari

En 1937, Enzo Ferrari crée avec l'ingénieur Gioacchino Colombo l'une des plus fameuses voitures de l'histoire de la course : l'Alfa Romeo 158. Cette monoplace de 1 500 cc à compresseur va sévir dans les Grands Prix jusqu'en 1951 et rapporter les deux premiers championnats du monde des conducteurs à l'usine de Milan. Entre-temps, Ferrari aura déserté Alfa, dont il était devenu directeur du service course. Trop indépendant pour s'intégrer à une structure, il part en 1939 pour lancer sa propre marque de voitures. Elle porte d'abord le nom d'Auto Avio Costruzioni. Son premier modèle, la 815, participe aux Mille Miglia de 1940, aux mains d'Alberto Ascari.

La guerre arrête la production. L'usine Ferrari, à Maranello, est bombardée. Et tout repart de zéro en 1947, avec le lancement de la 125, un petit spider trapu propulsé par un moteur 12 cylindres de 1 500 cc, conçu par Gioacchino Colombo. Nuvolari vit ses derniers moments de gloire.

Les ateliers de la Scuderia Ferrari élaborent en 1929, à Modène, les machines qui vont permettre à Nuvolari de dominer Grands Prix et courses d'endurance durant plusieurs années. Les voitures sont achetées, entières ou par éléments, chez Alfa Romeo, puis complètement transformées selon les indications de l'*ingegnere* Ferrari et de ses pilotes, qu'ils soient officiels ou clients fortunés. Du fait du caractère ombrageux et autoritaire du patron de la Scuderia, les liens avec la maison mère sont parfois tendus.

## Un kidnappeur de génie

Au nom de son amour pour l'Italie, Enzo Ferrari a longtemps refusé de s'entourer d'ingénieurs et de directeurs de course étrangers. Kidnappeur de génie, il enlève Vittorio Jano à Fiat en 1923. En 1946, Nello Ugolini et Gioacchino Colombo abandonnent Alfa Romeo, et probablement un salaire plus confortable pour le suivre dans son aventure. Eugenio Dragoni, son puissant directeur de course au temps des années de gloire, a été enlevé à Maserati. Le Commendatore use de ce moyen simple pour réduire les forces de l'adversaire. Il joue sur du velours : que ne donnerait-on pas pour faire partie de la Scuderia ? Le panache, la réputation, le bruit peut-être des machines rouges attirent les plus grands noms du volant comme les meilleurs ingénieurs.

Pourtant, son entêtement à n'engager que des techniciens italiens le prive, à une époque cruciale, du talent des sorciers anglais. Déjà, en 1952, il a repoussé les avances de Tony Vandervell, qui s'en ira créer la Vanwall en s'inspirant en partie de la Ferrari 375. Cette Vanwall sera l'enfant de Frank Costin, co-inventeur du fameux moteur Cosworth, et de Colin Chapman, père des Lotus. Deux hommes qu'Enzo Ferrari trouvera à maintes reprises sur sa route...

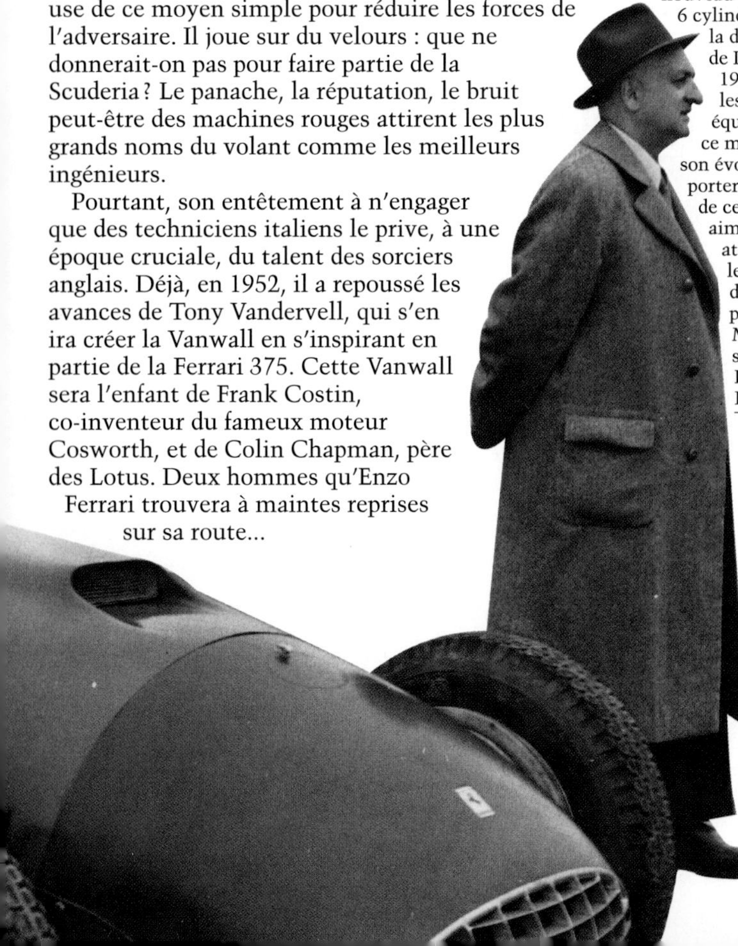

Tandis que la Scuderia triomphe sur les circuits, un drame personnel bouleverse le Commendatore, comme on l'appelle désormais. Son fils Dino, atteint d'une grave maladie, est condamné. Il lui confie néanmoins la réalisation d'un nouveau moteur de 6 cylindres. Après la disparition de Dino, en 1956, toutes les voitures équipées de ce moteur ou de son évolution porteront le nom de ce fils tant aimé. Suprême attention, le circuit d'Imola, aux portes de Modène, sera baptisé Dino Ferrari.

## Une éclatante revanche

Parti, non sans amertume, de chez Alfa Romeo, Ferrari voit en 1947 leurs voitures, ces fameuses 158 à compresseur qu'il a créées, dominer les Grands Prix. Mais pour ces prodigieuses Alfettas, c'est le chant du cygne. Déjà, les premières Ferrari figurent honorablement dans les classements. Avec, dès 1948, la petite 125 Sport qui a évolué en Formule 1 de 1 500 cc à compresseur. Puis, en 1952 et en 1953, avec la 500 F 2, qui offre à ses pilotes Alberto Ascari, Luigi Villoresi et Giuseppe Farina un nombre record de victoires. Ascari devient alors champion du monde et la revanche du Commendatore est complète.

Enzo Ferrari a su s'entourer des meilleurs ingénieurs : Vittorio Jano (à gauche), concepteur des premières Alfa de course, puis Giancarlo Bussi, Mauro Forghieri et Eugenio Dragoni (ci-dessus, de gauche à droite). Avec Gioacchino Colombo, Ferrari crée sa première monoplace (ci-dessous, en 1948).

340 MM Vignale, 1953

Testa Rossa, 1960

250 P, 1963

330 P4, 1967

500 Formule 2, 1951

156 Formule 1, 1961

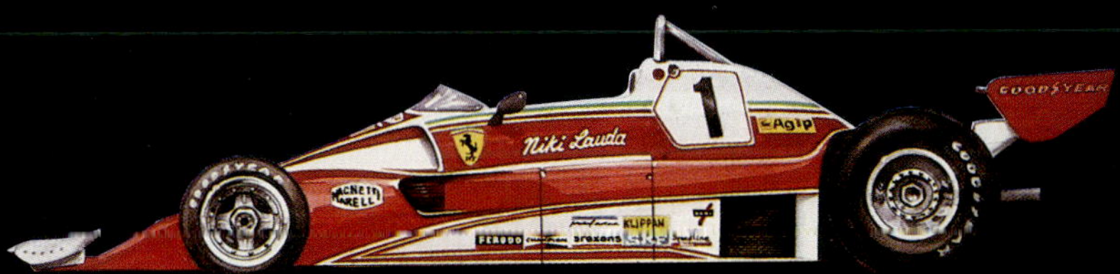


312 Formule 1, 1976

126 Formule 1, 1984

## Fangio chez Ferrari

Mais le vieux lion se remet difficilement de la disparition de son fils, mort en 1956. Il parle de tout abandonner, d'autant que la Scuderia traverse une de ses périodes les plus difficiles. Battues en endurance par les Jaguar, dominées en Formule 1 par les Mercedes, les belles fusées rouges ne brillent plus autant qu'à leurs débuts. C'est compter sans la formidable capacité à rebondir d'Enzo Ferrari. En 1956, le cadeau royal de Lancia, qui lui cède

l'intégralité de son matériel de Formule 1, lui permet de décrocher, grâce à Fangio, le titre mondial. En 1958, il voit à nouveau un pilote maison, Mike Hawthorn, coiffer la couronne. Et au Mans, Olivier Gendebien et Phil Hill inaugurent l'ère Ferrari, qui durera jusqu'en 1965. C'est au cours de ces années que va véritablement se forger le mythe du cheval cabré. Mais à quel prix...

## L'opinion publique se retourne contre Ferrari

Ses meilleurs pilotes, ceux qui, pour la plupart, sont entrés dans la légende, meurent au volant : Alberto Ascari au cours d'un essai en 1955, Eugenio Castellotti en 1956, Luigi Musso à Reims et Peter

Juan Manuel Fangio (à gauche), comme tout pilote de haut niveau, devait nécessairement prendre le volant d'une Ferrari de Formule 1. Ses rapports avec le Commendatore ne sont pas empreints d'une grande cordialité : Enzo Ferrari se méfie de l'Argentin, qui remporte tout de même en 1956 le titre de champion du monde des conducteurs, à bord de la Lancia D-50 cédée à la Scuderia Ferrari au cours de l'année précédente. Cette fameuse Lancia-Ferrari est d'ailleurs l'œuvre d'un vieil ami : Vittorio Jano. Les pilotes appelés à seconder Fangio font tous partie de la légende de la marque : Eugenio Castellotti, Peter Collins, Luigi Musso, Alfonso de Portago.

La Ferrari 500 de Formule 2 remporte tous les grands prix de l'année 1953, surtout aux mains d'Alberto Ascari (à gauche, derrière Giuseppe Farina, sur le circuit de Monza). Tous les pilotes ne s'entendent pas aussi bien qu'Ascari avec le «patron». L'Anglais John Surtees (ci-dessous), champion du monde en 1964 sur Ferrari, n'hésite pas à quitter la Scuderia en plein cœur de la saison suivante parce qu'il est mécontent de l'attitude de ses ingénieurs.

Collins au Nürburgring en 1958. En 1961, Wolfgang von Trips entraîne dans la mort une dizaine de spectateurs à Monza, comme Alfonso de Portago aux Mille Miglia de 1957. Chaque fois, l'opinion publique, enflammée par la presse à sensation, désigne un grand responsable : le créateur de ces voitures de course qui vont trop vite et sèment la désolation. Même l'auguste *Osservatore Romano,* journal du Vatican, s'émeut de l'hécatombe et pose la question de l'utilité de la compétition automobile. Ferrari menace de se retirer de la course, comme chaque fois qu'un coup trop dur ébranle ses certitudes. Mais l'Italie a besoin de lui et de ses couleurs sur les circuits.

## Des relations difficiles avec les pilotes

Le Commendatore n'a pas toujours des rapports très faciles avec ses pilotes. Son admiration sans bornes pour Nuvolari lui fait un peu considérer les autres comme des seconds couteaux. En de rares occasions, il a reconnu en tel ou tel, Niki Lauda ou Gilles Villeneuve, un «presque Nuvolari». Avec les grands champions,

les relations sont souvent tendues : tour à tour, Jean Behra, John Surtees, Niki Lauda et Alain Prost claquent la porte de la Scuderia avant même la fin de la saison. Il se méfie de Fangio, qu'il trouve trop tatillon et regrette que Mario Andretti ait choisi la nationalité américaine, alors qu'il aurait fait un *campionissimo* idéal.

Ses élans affectifs sont rares. Mais il est profondément bouleversé par les disparitions d'Alfonso de Portago (1957), de Peter Collins (1958) et surtout de Villeneuve (1982), qu'il considérait comme un fils. Le pilote canadien incarne, il est vrai, toutes les qualités qu'Enzo Ferrari apprécie chez les grands pilotes : un défi permanent à tous les dangers, une volonté de dépassement, de pousser la machine au-delà de ses capacités, une folie peut-être. Même si elle réduit les voitures en miettes. Ferrari n'aime pas que l'on casse la mécanique. Et pourtant, il pardonne tout à Villeneuve, au nom du panache, de cette *furia francese* qu'il voudrait tant voir à nouveau chez un pilote italien...

Le camion-atelier occupe tout le fond du stand Ferrari, en 1987 à Monza. Dans son fief, la Scuderia met un point d'honneur à tout mettre en œuvre pour briller, aussi bien lors des séances d'essais qualificatives que pendant la course.

## Tout pour le moteur

Les théories d'Enzo Ferrari sur la mécanique sont, d'une certaine manière, réactionnaires. Alors que triomphent déjà les petites Cooper-Climax, aux mains de Jack Brabham, Stirling Moss et Maurice Trintignant, il s'obstine à refuser de passer au moteur central – «le cheval tire la charrette, et non l'inverse»,

Ingénieurs, mécaniciens pilotes, chacun connaît et joue son rôle à la perfection. Le moindre défaut de coordination dans les stands peut se traduire par un résultat désastreux. Aussi, les moyens mis à la disposition de l'équipe en poste sur le circuit sont-ils considérables, et fort onéreux. Les petites structures n'ont pas les moyens de s'adapter, donc de progresser. Si la Scuderia Ferrari n'était pas financièrement soutenue par un grand constructeur automobile (Fiat), un pétrolier, et même un fabricant de cigarettes (le patron, de son vivant, s'y était toujours opposé), elle verrait ses chances diminuer face à l'implacable organisation de ses principaux concurrents, McLaren, Williams et Benetton. Quand sonne l'heure du Grand Prix, tout le rituel reprend alors avec son panache habituel, sous l'œil attentif des caméras de télévision.

répète-t-il à ses ingénieurs : pour lui, ce qui compte, c'est la puissance du moteur. De même, il n'adoptera les freins à disque, lancé par les Jaguar D au Mans, que sur l'insistance de pilotes comme Hawthorn (ancien pilote Jaguar).

Dépassé dans bien des domaines, Il Vecchio se raccrochera toujours à son idée de base : parfaire le groupe propulseur, obtenir le meilleur moteur dans toutes les disciplines. Aux Anglais les inventions extraordinaires que restent le châssis monocoque, l'effet de sol ou les éléments en carbone. Quand ça marche chez les autres, on l'adapte chez soi. Avec parfois un temps de retard.

## Des sculptures en mouvement

Le mythe est aujourd'hui plus vivace que jamais. Entretenu par la bravoure des pilotes, la beauté des voitures et la passion des *tifosi*, ces fanatiques italiens qui brandissent des drapeaux au cheval cabré dans les Grands Prix, ce fameux «mythe Ferrari» incarne à lui seul toutes les valeurs de la compétition automobile.

Le vieil *ingegnere* Ferrari est mort à quatre-vingt-dix ans, en 1988, un an après le lancement de la F-40 de Grand Tourisme. Ses voitures font désormais l'objet de folles spéculations : une GTO ne s'est-elle pas vendue plus de 50 millions de francs lors d'enchères publiques à Monaco? D'heureux collectionneurs sont à la tête d'un patrimoine mécanique d'une valeur considérable – alors qu'il fut constitué à une époque où les machines étaient cédées en fin

Deux premières pour Ferrari : la 166 MM victorieuse au Mans en 1949 (à gauche) et le succès de Jean Alesi, à Montréal en 1995.

La Scuderia Ferrari est célébrée par les *tifosi*, ces foules d'amateurs venus d'Italie et d'ailleurs, qui la suivent tout au long du championnat du monde. Aucune autre équipe de Formule 1 ne bénéficie d'un tel déploiement de banderoles. Et quand ça tourne mal, les fans quittent le circuit sans attendre la fin de l'épreuve.

de saison pour une somme relativement modique. Les musées même s'arrachent ces sculptures en mouvement. Le MoMA de New York a ainsi fait l'acquisition d'une Formule 1 de 1990. Pourquoi elle, plutôt qu'une Jaguar D ou une Lotus 25, esthétiquement plus réussies ? Parce que sur le côté figure ce fameux emblème au petit cheval noir. Un emblème que tous les pilotes veulent arborer dans leur carrière. Le grand Ayrton Senna aurait souhaité, dit-on, y terminer la sienne...

24 H du MANS
20 et 21 JUIN 1959
A.A.T. THIVILLIER KLE. 79-11

Plus de soixante-dix ans après sa création, l'épreuve d'endurance des 24 Heures du Mans demeure la course la plus célèbre du monde. Son histoire recoupe celle des voitures de sport et de grand tourisme, et met en scène d'étonnants prototypes.

CHAPITRE IV

# LES 24 HEURES DU MANS

Le départ «type Le Mans», à la course à pied, a longtemps fait partie du spectacle des 24 Heures. Certains pilotes étaient de remarquables sprinters, très vite en action. Il n'y avait pas de harnais de sécurité à boucler. Il arrivait même qu'on oublie, ici ou là, de refermer la portière. Depuis 1971, le départ s'effectue lancé. Mais Le Mans a conservé tout son attrait et sa magie.

Le Mans fait, au début du siècle, figure de capitale de l'automobile. Amédée Bollée y a construit en 1873 son *Obéissante*, véhicule révolutionnaire pour son époque. Sur le circuit de la Sarthe, long parcours de 108 km empruntant les routes nationales, se déroulent les Grands Prix de 1911 à 1913. La réputation des coureurs locaux, tels que Victor Hémery, l'un des meilleurs de son temps, se répand dans le monde du sport mécanique et, par là même, attire l'attention sur la région. En 1922, les membres de

Le premier circuit de la Sarthe (ci-dessous), où se courent les Grands Prix, est beaucoup plus long que celui qu'emprunteront les concurrents des 24 Heures. Ses longues lignes droites conviennent au voitures peu maniables d'avant 1914, comme cette Renault, pilotée par Szisz, vainqueur en 1906 du premier Grand Prix de France.

l'Automobile-Club de l'Ouest (émanation de l'Automobile-Club de la Sarthe créé en 1905), forts de la réputation du Mans, décident de créer une épreuve d'endurance de 24 heures. Elle sera réservée à des voitures de tourisme améliorées, mais disponibles sur le marché. Le but est de les faire progresser dans tous leurs aspects mécaniques, tout en améliorant leur sécurité. L'un des membres fondateurs de cette épreuve, Charles Faroux, restera directeur de la course jusqu'en 1956.

**Les débuts d'une grande épopée**

Le premier départ des 24 Heures du Mans est donné le 26 mai 1923 à 16 heures. Il pleut, il tombe même de la grêle ! Le circuit est bien plus court que celui d'avant la guerre : 17 km. On dirait une route champêtre, serpentant dans les bois et les villages, détrempée, boueuse, étroite, aux bas-côtés approximatifs. Foncer à plus de cent à l'heure sur un tel revêtement exige des nerfs solides. La nuit surtout :

dans le brouillard et la pluie, on distingue aussi mal les concurrents que la route à suivre. Des lampions signalent les points névralgiques. Pour le reste, il faut faire confiance aux projecteurs du bord. La Chenard & Walcker d'André Lagache et René Léonard remporte cette première édition à 92 km/h de moyenne. Le record du tour est établi par une Bentley à plus de 107 km/h.

D'année en année, le règlement se fait plus pointilleux. Au début, les contraintes sont légères : obligation de courir sur une voiture «figurant au catalogue d'un constructeur» et de parcourir une distance minimale selon la cylindrée du véhicule. Dès 1924, les contrôles sont plus tatillons. Les pilotes, qui conduisent tous des voitures découvertes, doivent s'arrêter, mettre la capote et rouler ainsi une vingtaine de tours, quelles que soient les conditions météo. En 1925, ce système est encore perfectionné : c'est au départ que le pilote doit fixer sa capote – un départ donné au sprint, selon une formule qui connaîtra un grand succès populaire jusqu'à sa suspension en 1970.

Pour la première épreuve des 24 Heures du Mans, la Chenard & Walcker n° 10 (ci-dessous), pilotée par Raoul Bachmann et Christian Dauvergne, termine à la deuxième place. Elle a parcouru 2 140 km à près de 90 km/h, devancée de quelques tours seulement par une voiture de la même marque. Les Chenard & Walcker réalisent ainsi un beau doublé. A cette époque, le circuit traverse encore le village de Ponthieu, passant de la terre battue aux pavés, entre quelques rares sections bitumées. La pluie est au rendez-vous, et les conditions de conduite souvent difficiles.

## Des princes au volant

Participer à la compétition est une aventure que tentent beaucoup d'engagés privés. Ceux-ci ne craignent pas d'affronter des écuries appartenant à des constructeurs et bénéficiant d'un appui logistique plus important. Il arrivera que, malgré ce handicap, certains remportent l'épreuve, comme Raymond Sommer sur son Alfa Romeo en 1932 ou Louis Rosier sur sa Talbot en 1950.

Les nombreux classements par catégories encouragent l'inscription de voitures très diverses. Mais, fidèles au règlement de la première heure, celles-ci figurent toujours à la rubrique Sport dans les catalogues des constructeurs. Les pilotes doivent faire preuve d'un certain génie mécanique, depuis qu'obligation leur est faite d'emporter tous les outils nécessaires à un dépannage.

Les concurrents fortunés sont légion, princes, lords et grands-ducs s'installent au volant des meilleures Bentley et Bugatti, qu'ils ont achetées dans le seul but de les faire courir ici.

Avec le départ à la course à pied, de la rapidité du pilote à entrer en action dépend une position clé dans les premiers tours, toujours très encombrés, notamment au premier virage, sous la passerelle Dunlop, et dans les «S» qui suivent. Il vaut mieux alors se trouver en tête plutôt que coincé et ralenti dans un peloton. Certains coureurs, plus athlétiques ou plus agiles, sont prompts à réagir au signal du starter, tandis que d'autres préfèrent rester calmes...

## L'ère Alfa Romeo

A partir de 1930, la course se radicalise. Les voitures adoptent un profil plus dépouillé, mieux adapté à la vitesse. L'admission de moteurs suralimentés entraîne des performances plus élevées. L'Anglais Henry Birkin, sur une Bentley de 4 litres à compresseur, accomplit son meilleur tour à près de 145 km/h, devant la Mercedes SSK de 7 litres, également à compresseur, pilotée par l'as allemand Rudolf Caracciola. Face à ces monstres, les petites jouissent d'un classement bien à elles avec la création du fameux indice de performance, calculé selon un barème complexe prenant en compte la cylindrée et le nombre de kilomètres parcourus.

Les voitures garées en épi devant les stands de ravitaillement illustrent l'évolution des formes. Si la plupart demeurent semblables à celles aperçues les années précédentes, le «tank» Bugatti n° 2 est résolument moderne. A son volant, en 1937, Jean-Pierre Wimille et Robert Benoist l'emportent à près de 137 km/h de moyenne dans tous les classements : distance, indice de performance, catégorie. Immédiatement derrière, on trouve deux Delahaye et une Delage.

Après une belle série de succès, Bentley se retire et laisse le champ libre à de solides empoignades italo-franco-britanniques. L'ère Alfa Romeo commence. La marque milanaise va l'emporter quatre années de suite, de 1931 à 1934. Ses pilotes, souvent propriétaires de leur voiture, lord Howe, Raymond Sommer, Luigi Chinetti, Tazio Nuvolari, ont pourtant fort à faire contre les Aston Martin et les Bugatti. Mais celles-ci, trop fragiles, ne parviennent pas encore à se hisser aux places d'honneur. Les agiles spiders Alfa Romeo 2,4 litres à compresseur sont difficiles à suivre : en ligne droite, elles frisent les 200 km/h...

## Des femmes dans la course

La femme sportive est à la mode dans les années trente, et l'automobile fait partie de ses activités. En 1932, la Française Odette Siko termine quatrième sur son Alfa Romeo à compresseur. Plusieurs femmes participent alors aux 24 Heures. Maryse Desprez court sur une Bugatti 50, Elsie Wisdom fait partie de l'équipe officielle Aston Martin ; en 1934, Dorothy Champney et Kay Peter terminent treizièmes sur une petite Riley Ulster et Anne Itier dix-septième sur sa MG Midget. Après la guerre, et jusqu'en 1971, les femmes seront interdites de 24 Heures !

## La victoire en bleu de France

Après une année sabbatique – 1936, pour cause de grèves –, les 24 Heures redémarrent dans un nouveau paysage automobile. Les voitures ont désormais un profil résolument «de course», avec leur ligne basse, leurs formes galbées et dépouillées. Cet aspect rudimentaire mais aérodynamique donne en 1937 son surnom à la Bugatti 57 G des vainqueurs : un «tank», qui devance deux Delahaye et une Delage. Le bleu de France restera à l'honneur avec les victoires de Delahaye en 1938 et de Bugatti en 1939.

Une marque se distingue par ses carrosseries rondes et élégantes : après une incursion infructueuse en 1926, Peugeot revient avec ses Darl'Mat. Simca aussi participe. Mais que peut la petite 500 cc engagée par Amédée Gordini, sinon l'emporter dans sa catégorie ?

## Un nouveau nom au palmarès : Ferrari

Lorsque les 24 Heures du Mans reprennent, en 1949, les prototypes sont admis au départ, afin de contribuer, dans l'esprit des organisateurs, à «une reprise plus rapide de la construction automobile». Seule contrainte : passer au service des Mines,

Les journalistes suivent la course depuis une tribune spéciale, face aux stands. L'heure des moniteurs de télévision et des ordinateurs n'a pas encore sonné.

Six 4 CV prennent le départ en 1952. Elles ont été préparées par Jean Rédelé, futur concepteur des Alpine. Renault veut marquer le coup après le lancement de sa populaire petite voiture. Elle se comporte plutôt bien face à des concurrents plus habitués à ce type d'épreuve : la mieux classée termine la course à une moyenne de près de 110 km/h, ratant de peu l'indice de performance.

d'ailleurs très accommodant. Il semble toutefois que l'on n'ait pas compris en France l'intérêt d'une relance de la production de modèles de prestige et de compétition, contrairement aux Italiens avec Ferrari, aux Allemands avec Mercedes et aux Anglais avec Jaguar. L'industrie française a laissé disparaître des marques prestigieuses comme Talbot, Bugatti,

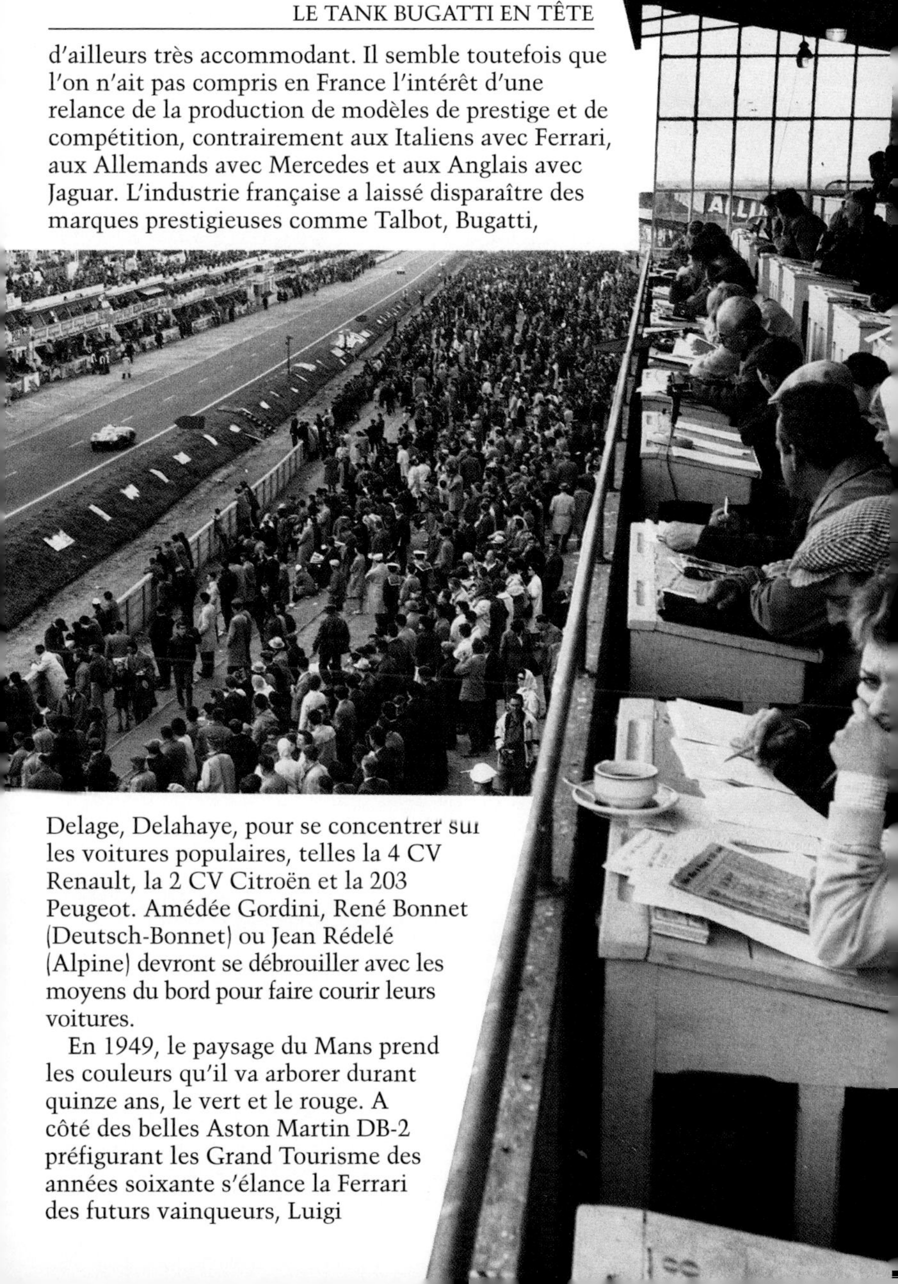

Delage, Delahaye, pour se concentrer sur les voitures populaires, telles la 4 CV Renault, la 2 CV Citroën et la 203 Peugeot. Amédée Gordini, René Bonnet (Deutsch-Bonnet) ou Jean Rédelé (Alpine) devront se débrouiller avec les moyens du bord pour faire courir leurs voitures.

En 1949, le paysage du Mans prend les couleurs qu'il va arborer durant quinze ans, le vert et le rouge. A côté des belles Aston Martin DB-2 préfigurant les Grand Tourisme des années soixante s'élance la Ferrari des futurs vainqueurs, Luigi

Chinetti et lord Selsdon. La longue lutte des anglaises contre les italiennes vient de commencer.

**Des voitures – presque – ordinaires**

En 1950, on n'hésite pas à se lancer dans la course au volant d'une 4 CV Renault, d'une Simca 8, d'une Dyna Panhard, voire d'une Cadillac. Dans leur livrée d'origine, elles semblent tout à fait conformes à l'esprit du règlement de 1923... Chez Panhard, les petits «tanks» préparés par les ingénieurs Deutsch et Bonnet se révèlent très compétitifs pour le classement à l'indice de performance. Les espoirs de la France sont ainsi portés par un petit moteur à deux cylindres à plat (*flat-twin*) au bruit dérisoire, étouffé par le rugissement des grosses cylindrées...

Les pilotes passent parfois la quasi-totalité des 24 Heures au volant, réduisant leur coéquipier à un rôle symbolique. Mais le règlement impose la présence de ce dernier. En 1953, changement de règlement, un même pilote ne peut courir plus de 80 tours d'affilée. Le coéquipier prend une plus grande importance et doit manifester un

talent égal tout au long de l'épreuve, sous peine de trop retarder la voiture.

## Une ambiance de fête

Dans les années cinquante, les voitures arrivent souvent par la route. Les écuries les plus riches s'offrent un avion de transport, ou un camion-atelier. Les autres profitent du trajet routier depuis Paris ou Le Havre pour éprouver la fiabilité de certaines pièces mécaniques. Les marques s'installent dans des garages à travers la ville.

Le public vient admirer les bolides, toute la cité résonne des échappements libres des concurrents... et de ceux qui les imitent. Autour du circuit, la fête bat son plein. Et pendant que les voitures rétrogradent furieusement dans les «S», au débouché de la passerelle Dunlop, un motard tourne sur le «mur de la mort», un grand-huit emmène sa cargaison de passagers hurlants, et la femme la plus grosse du monde exhibe ses chairs boursouflées.

A chacun ses sensations. Les plus fortes attendent les pilotes sur la ligne droite des Hunaudières. Il ne fait pas bon alors se retrouver, au volant d'une fragile Panhard Monopole de 614 cc, doublé à pleine vitesse par une Ferrari, dans le tonnerre d'un 12 cylindres à haut régime. Le coup de vent encaissé peut être fatal.

Des mille manières de rendre l'atmosphère des 24 Heures, la plus originale est sans doute la peinture. A raison de quatre à cinq minutes entre chaque passage de la voiture-modèle, l'artiste a le temps de peaufiner son œuvre... A l'époque, photographes, cameramen et journalistes sont aussi tolérés en bordure de la piste. Quant au public, il est, jusqu'au terrible accident de 1955, plutôt mal protégé derrière un rang de fascines. En juin 1954, la Ferrari de Froilan-José Gonzalez, associé à Maurice Trintignant, franchit victorieusement la ligne d'arrivée (en bas), à quelques encablures devant la Jaguar de Rolt Hamilton. Le suspense a duré jusqu'au bout, maintenant les spectateurs en haleine. On est alors loin de se douter qu'au même endroit, un an plus tard, la vision cauchemardesque d'une voiture en feu occupera tous les esprits.

**La plus grande tragédie du sport automobile**

Personne n'a vraiment songé aux problèmes de la sécurité des pilotes. Des arbres bordent le circuit, ils feront leur compte de victimes. Un pilote sera décapité par un fil de fer barbelé placé autour d'un champ. Des drames, il y en a eu beaucoup depuis la création des 24 Heures. On les a toujours mis sur le compte de la passion de la vitesse, comme un tribut à payer pour un sport réputé dangereux. Certains spectateurs ne viennent-ils pas pour voir un peu de casse ? Mais en 1955, le drame prend la dimension d'une tragédie, lorsque la Mercedes de Levegh explose et tue près d'une centaine de spectateurs.

**Lutte en vert et rouge**

En 1957, pour sa dernière participation en nombre, Jaguar place cinq voitures dans les six premières places. Son adversaire direct, Ferrari, est régulièrement battu – sauf en 1958, avec la première victoire d'un duo que l'on reverra souvent sur le podium : Olivier Gendebien et Phil Hill. Les Anglais

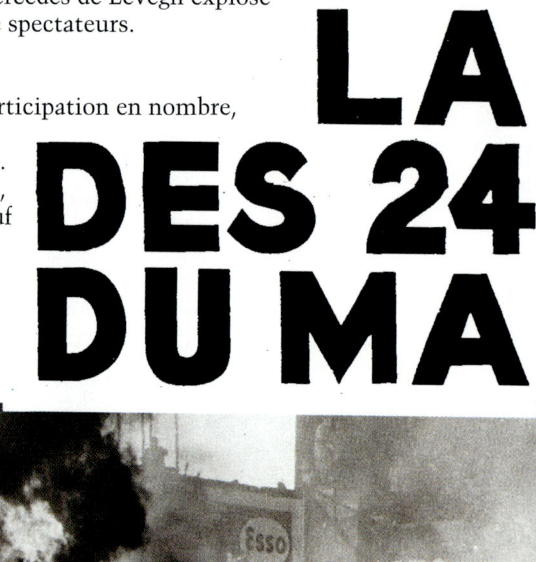

triomphent avec Aston Martin en 1959, à plus de 180 km/h de moyenne, avant de céder la place aux Italiens pour six années consécutives. Le Mans entre en 1960 dans l'ère Ferrari. Aucune autre marque ne viendra lui disputer cette suprématie, pas même les surprenantes mais fragiles Maserati. Les batailles auront donc lieu derrière, pour l'indice de performance ou les victoires de catégories.

Et là, les concurrents ne manquent pas. Les industriels anglais de l'automobile savent que la simple présence de leurs voitures aux 24 Heures constitue une référence. On voit débuter au Mans les petites Triumph TR-2 et TR-3 comme les Austin Healey – assurant la réputation de ces voitures de sport auprès d'une clientèle à la mode. Le succès de leur exportation, surtout vers les Etats-Unis, est en grande partie dû à l'«effet Le Mans».

En 1959, une Lotus Elite pilotée par un certain Jim Clark se classe dixième. Mais il n'y aura pas de saga Lotus au Mans. En 1962, les commissaires sportifs refusent d'homologuer la petite 23 pour une sombre affaire de boulons. Dépité, Colin Chapman ne reviendra jamais dans la Sarthe.

# TRAGÉDIE
# HEURES
# NS

L'heure la plus sombre de toute l'histoire de la course automobile... Le drame éclate peu après le départ des 24 Heures 1955. Les trois Mercedes 300 SLR, conduites par Karl Kling, Juan Manuel Fangio et Pierre Levegh se battent contre les Jaguar d'usine emmenées par Mike Hawthorn. Les voitures allemandes sont équipées d'un spectaculaire aérofrein, mis en action par le pilote à l'entrée des virages. La foule suit le duel avec passion quand, à 18 h 30, la Mercedes de Levegh, gênée par la Jaguar de Hawthorn devant les stands, percute l'arrière de l'Austin Healey de Lance Macklin, décolle, puis retombe lourdement sur les fascines. La voiture explose, tandis que moteur et train avant, projetés dans la foule, tuent plus de quatre-vingts personnes et en blessent une centaine d'autres. A 2 heures du matin, en signe de deuil, les Mercedes se retirent, laissant à Hawthorn une bien amère victoire.

## Ford passe à l'offensive

En difficultés financières, la prestigieuse marque Ferrari est l'objet de toutes les convoitises. Fiat vient à son secours, à la barbe du géant américain Ford. Celui-ci décide alors – vengeance ou intérêt commercial – de se lancer dans la ronde des 24 Heures avec tout le poids industriel que l'on imagine.

L'ère Ford commence vraiment en 1964 avec la victoire en GT de la Cobra de Dan Gurney et Bob Bondurant. En 1966, la marque s'impose par le nombre et la puissance de ses modèles MK-II et GT-40. Les premières répondent au bon vieux principe américain voulant que la force se mesure à la quantité, en l'occurrence le volume cylindrique du moteur, porté à 7 litres. Bruce McLaren et Chris Amon, deux vedettes de la Formule 1, remportent le premier succès de Ford au classement général, franchissant la barre fatidique des 200 km/h de moyenne générale (210,795 km/h exactement).

Les stars de la Formule 1 s'illustrent au volant des Sport-Prototypes et des Grand Tourisme (GT). Fangio sur Mercedes, Moss sur Aston Martin et Maserati, Trintignant et Gonzalez sur Ferrari, Clark (troisième sur Aston Martin en 1960), Graham Hill (deuxième avec Jo Bonnier sur Ferrari en 1964, premier sur Matra avec Pescarolo en 1972), von Trips sur Ferrari, Ickx (six fois vainqueur pour trois marques différentes : Ford, Gulf-Mirage, Porsche) : les plus grands talents font le détour par la Sarthe.

## Avec Matra, Le Mans rêve en bleu

1966 voit la fin des carrosseries peintes aux couleurs nationales des engagés. Les Ford ont des tons fantaisistes. Bientôt, toutes les voitures vont se transformer en panneaux publicitaires météoriques. Le départ «type Le Mans», avec ses sprinters comme Stirling Moss ou Jo Siffert, connaît ses derniers instants. Jacky Ickx marche tranquillement vers sa

Image idéale d'une bataille qui n'eut jamais lieu : Ford GT-40 contre Porsche 917, l'affrontement de deux monstres (ci-dessous). Ford veut triompher au Mans, à n'importe quel prix. C'est chose faite en 1966, après deux galops d'essai infructueux. Henry Ford II assiste à la victoire de ses voitures. En 1969, le géant américain remporte son quatrième succès d'affilée, avec la GT-40 de 5 litres pilotée par Jackie Oliver et Jacky Ickx.

Ils couvrent près de 5 000 km à 208 km/h de moyenne. Ce qui, en 1971, les aurait placés en troisième position derrière les redoutables Porsche 917 K (ici, celle des vainqueurs, Helmut Marko et Gijs van Lennep). Il faudra modifier le règlement pour venir à bout de leur écrasante domination.

Ford GT-40 en 1969, et gagne au terme d'un bras de fer haletant contre la Porsche 908 d'Hermann et Larrousse.

Une première domination des Porsche a lieu en 1970 et 1971. Les grosses 917 à 12 cylindres à plat laminent la concurrence. Et la brave Ferrari 512 ne peut rien face à la marée allemande. Aussi, en 1972, un nouveau règlement limite la cylindrée des Sport-Prototypes à 3 litres, éliminant *de facto* les 917. Cela arrange bien les affaires de Matra qui, cette année-là, réalise le doublé et l'emporte à nouveau en 1973 et en 1974, face à des Ferrari en retour de forme et à des Porsche 908 à nouveau menaçantes. Henri Pescarolo est le maître d'œuvre de cette superbe série. Et Simca, le motoriste de l'équipe, en tire un juste profit publicitaire.

La Matra n°15 d'Henri Pescarolo et Graham Hill (ci-dessous) remporte les 24 Heures en 1972. Le départ en a été donné par le président Pompidou, très attentif à l'impact promotionnel de la course sur les autres activités de la marque.

## Porsche gagne dans toutes les catégories

Les succès de Matra, puis celui plus inattendu, en 1975, de la petite Gulf-Mirage, signalent la fin d'une ère. Désormais, Le Mans va devenir pour plusieurs années le terrain de jeu préféré des Porsche. La petite marque encore débutante qui présentait une voiture au départ des 24 Heures du Mans 1951 aligne en 1971 trente-

trois modèles, de la GT au prototype, soit les deux tiers du plateau des engagés ! Cette inflation va durer jusqu'au milieu des années quatre-vingt... et être sanctionnée par une douzaine de victoires à la distance et un joli nombre de premières places dans tous les indices et catégories.

Les modèles les plus pointus atteignent alors les 400 km/h sur la ligne droite des Hunaudières. A cette vitesse, le ruban d'asphalte rétrécit singulièrement, les courbes arrivent en catastrophe, et les concurrents plus lents paraissent arrêtés. Certains pilotes expriment leur inquiétude face à la montée des performances. Henri Pescarolo leur répond que, s'ils ont peur, ils n'ont qu'à faire un autre métier...

## Jaguar et Mercedes : un retour attendu

La présence massive des Porsche diminue fortement l'intérêt des 24 Heures, un sentiment renforcé par l'absence de Ferrari aux avant-postes. Le public voudrait voir se lever des challengers, pour revivre les somptueuses bagarres des années cinquante. Il aimerait aussi apercevoir la tête des pilotes, invisibles dans les carrosseries fermées.

La victoire, en 1978, de l'Alpine Renault de Jaussaud et Pironi est accueillie comme une divine surprise, de même qu'en 1980 celle, inespérée, de la petite Rondeau. Fait unique dans les annales des 24 Heures, celle-ci est pilotée par son constructeur. Après un dernier festival Porsche en 1987, remporté par l'imbattable 962, l'épreuve mancelle retrouve vigueur et panache avec le retour sur le podium des stars des années cinquante : les Jaguar. Pour ne pas être en reste, Mercedes revient aussi et l'emporte en 1989 avec la C-9 préparée par l'écurie suisse Sauber. Les flèches d'argent livrent enfin jusqu'au terme des 24 Heures ce duel contre les Jaguar qui avait tourné court trente-quatre ans plus tôt, dans des circonstances tragiques.

## Une vitrine irremplaçable

Le Mans réapproprié par les grands constructeurs ? C'est en tout cas, malgré les perpétuelles menaces de disparition qui planent sur la catégorie des Sport-

Jean Todt, directeur sportif de Peugeot, est porté en triomphe par ses pilotes, Geoff Brabham, Christophe Bouchut et Eric Hélary, à l'arrivée des 24 Heures 1993. Son rôle a été déterminant dans le succès de la marque française, déjà victorieuse en 1992, alors qu'elle n'en était qu'à sa deuxième participation. Le talent d'organisateur de Todt a d'ailleurs été remarqué par Ferrari, qui lui a offert en 1994 de diriger son écurie de Formule 1.

Prototypes, la grande chance des 24 Heures. Et la preuve manifeste de leur prestige dans le monde. Si Peugeot s'est donné tant de mal pour y faire triompher ses 905 en 1992 et 1993, si les Japonais investissent tellement dans des prototypes qui, hors du circuit de la Sarthe, ne peuvent guère disputer que le championnat IMSA aux Etats-Unis, c'est justement parce qu'une victoire au scratch en terre mancelle vaut toutes les campagnes publicitaires. Celle de Mazda en 1991 a eu de profondes répercussions au Japon et en Amérique – où la petite Miata connaît un franc succès. Aujourd'hui, les grands constructeurs veulent avant tout être présents en Formule 1, car celle-ci cristallise les passions et retient l'attention des médias, surtout la télévision.

Tout au long de sa brève carrière mancelle, la Peugeot 905 (ici en 1993) s'est révélée rapide et fiable, opposée à des concurrents aussi sérieux que les inusables Porsche 962 ou les très ambitieuses japonaises, Toyota et Mazda.

GORDON
INDIANAPOLIS
"500"
SPEEDWAY
PIPERS

## Les 500 miles à Indy

Indianapolis célèbre à la manière américaine la grande épreuve des 500 miles : défilé de majorettes, lâcher de ballons, orchestres bariolés, parade des concurrents, installés avec toute leur famille à l'arrière de grosses décapotables. Rien n'y manque, des pin-ups aux personnages de carnaval. Tout ça pour rappeler au reste du pays que la course, à Indy, c'est l'affaire de tout le monde. Et que c'est ici que tout a commencé, en 1911, sur une piste alors entièrement recouverte de briques. Depuis, le macadam le plus moderne a pris le relais. On a tout de même conservé une petite rangée de ces fameuses briques, sur la ligne de départ. Parce qu'au cœur de l'Indiana, on respecte les traditions. Comme celle qui consiste à remettre au vainqueur des 500 miles (800 km) une copie de 60 cm de haut du trophée Borg-Warner (ci-contre). L'original, réalisé en 1936, pèse 40 kilos. Les visages de tous les pilotes ayant un jour figuré en tête du palmarès de l'épreuve sont sculptés sur cette imposante relique – la plus grosse du genre, forcément.

12
25

## Des voitures de tourisme très gonflées

Les Américains se passionnent pour les courses de voitures de tourisme organisées par la Nascar (National Association of Stock Car Racing). De tourisme, ces bolides colorés n'ont en fait que l'apparence. Les moteurs développent une impressionnante cavalerie (plus de 400 chevaux) et propulsent les Chevrolet, Pontiac et autres Ford à près de 340 km/h sur un tour de circuit. Les nombreuses épreuves, organisées tout au long de l'année, sont courues sur des ovales pouvant faire moins d'un kilomètre de circonférence. Les voitures, roulant très près les unes des autres, en «aspiration», sont souvent victimes de carambolages spectaculaires. Les courses sont richement dotées, et les meilleurs pilotes de la spécialité deviennent vite milliardaires. Richard «King» Petty (en haut, à droite), qui a remporté deux cents victoires, ou Dale Earnhardt, sept fois champion des Etats-Unis et toujours en activité, sont aujourd'hui considérés comme des légendes. Ce qui se traduit là-bas par la gestion de fructueuses entreprises comme... des écuries de course en Nascar.

La tradition des courses disputées sur des routes ordinaires s'est longtemps maintenue, en dépit des multiples dangers menaçant aussi bien les spectateurs que les conducteurs. Les exemples les plus illustres de ces héroïques cavalcades ont été rayés du calendrier sportif, après avoir écrit quelques-unes des plus belles pages de l'histoire de la course automobile.

CHAPITRE V

# LES COURSES SUR ROUTE

Les rallyes empruntent souvent des routes spectaculaires, que les pilotes ont peu le loisir d'admirer. Pour l'Adler (à gauche, dans les lacets de la Coupe des Alpes, en 1934) comme pour la petite Rallye (à droite, fonçant vers Monaco en 1922), les moyennes imposées sont encore raisonnables.

La plus folle des courses sur route est à coup sûr la Panaméricaine, créée en 1950. Elle ne connaît que cinq éditions. Les concurrents doivent traverser tout le Mexique, du nord au sud, des Etats-Unis au Guatemala. Les pilotes locaux raffolent, comme leurs voisins du Texas et de l'Arizona, de cette expédition livrée à plus de 200 km/h sur des routes pas toujours bitumées. Pour gagner, ils n'hésitent pas à se lancer à bord de grosses voitures américaines sur-gonflées, des Cadillac et des Lincoln allégées de leurs chromes et couvertes d'inscriptions publicitaires. Un concurrent argentin affiche même le portrait d'Eva Peron sur le capot de son coupé Porsche.

**Une ambiance extraordinaire**

Bien que sceptiques, les Européens se lancent à leur tour dans cette bagarre, à bord des puissantes Ferrari 375 et Lancia D-24. La dernière édition, en 1954, est remportée par Umberto Maglioli sur une grosse Ferrari 375-Plus. Celle de Phil Hill y arbore les couleurs américaines et est munie d'une dérive à la manière d'un roadster d'Indianapolis... On y voit aussi des petits spyders Porsche 550, analogues à celui que conduisait James Dean un certain jour fatal de septembre 1955. Que vont-ils faire dans cette galère ? Sans doute glaner quelques dollars, et se préparer pour des épreuves plus sérieuses, les Mille Miglia ou la Targa Florio.

Conduire dans la Panaméricaine est exténuant. Les pilotes sont de solides gaillards, des gros bras qui font l'admiration des *aficionados* massés tout au long du parcours. Les Argentins

Juan Manuel Fangio et Onofre Marimon connaissent bien ce genre d'épreuve. Ils ont livré leurs premiers combats chez eux, dans des conditions similaires, sinon un peu plus folles, à bord de bolides bricolés baptisés *Turismos de caretera* – en fait de vieilles voitures américaines des années trente et quarante,

dépouillées de presque toute leur carrosserie... Le public aime ces hommes qui font montre d'un solide machisme et semblent à tout instant défier la mort, omniprésente dans l'imaginaire mexicain. La course a disparu depuis longtemps, mais l'atmosphère revient chaque année, lorsque passent les voitures d'époque, lors de la rituelle commémoration.

Le marché automobile en Amérique latine est suffisamment important pour que la plupart des grands constructeurs européens veuillent y imposer leur image, par le biais de la course. Les retombées d'une victoire dans la Panaméricaine sont largement exploitées dans la presse mexicaine, comme ce magnifique tiercé Lancia, emmené par Fangio en 1954. Une ambiance de fête accompagne toute l'épreuve, au mépris des dangers. Le public se presse jusqu'à toucher les voitures. Ce jeu avec la mort fera de nombreuses victimes, et entraînera l'annulation de cette grande classique après seulement cinq éditions.

La Ferrari de Peter Collins passe au contrôle de Rome au cours des Mille Miglia 1957. Le numéro indique l'heure de son départ de Brescia : 5 h 34.

## L'Italie pied au plancher

Le 26 mars 1927 à l'aube, une cohorte de voitures de course et de tourisme se présente sur le podium de départ installé au centre de Brescia. Les premières Mille Miglia viennent de commencer, lancées à l'initiative de cette ville pour contrer l'influence des capitales automobiles Milan et Turin. Le parcours traverse Rimini, Pescara, Rome, Sienne, Florence et Bologne avant de revenir à Brescia, au terme d'une boucle de 1 609 km. Les Alfa Romeo à compresseur remportent, comme au Mans, la plupart des éditions d'avant la guerre. Actes héroïques ou folie pure, les exploits sont fréquents. Tazio Nuvolari va jusqu'à rouler tous feux éteints pour mieux surprendre ses adversaires !

La politique s'en mêle en 1937. Preuve de l'importance que revêt alors cette épreuve, le régime fasciste voudrait inscrire son nom dans les Mille Miglia. Le fils de Mussolini et son chauffeur figurent au nombre des engagés. Le Duce pique une grosse

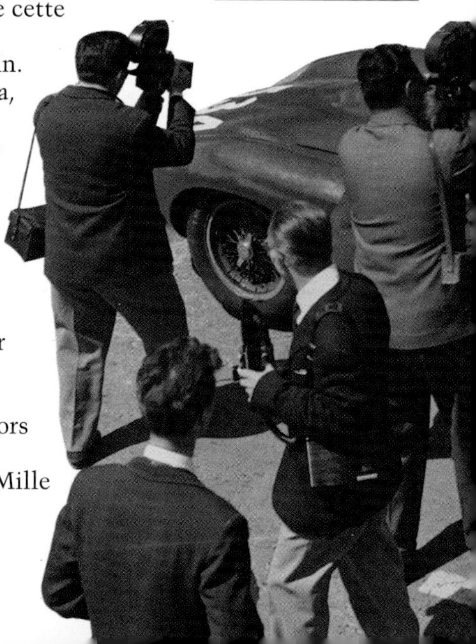

colère lorsqu'il apprend que ni l'un ni l'autre ne sont bien classés. Diplomates, les vainqueurs, Pintacuda et Farina sur Alfa Romeo, lui expliquent qu'ils ont forcé l'allure pour repousser les attaques d'une Delahaye française.

Les Mille Miglia, comme la Targa Florio, les 1 000 km du Nürburgring, l'Easter Day à Goodwood en Angleterre ou le Tourist Trophy disputé en Irlande sont, dans les années cinquante, aussi essentiels pour glaner des points au championnat mondial des marques (disparu aujourd'hui) que les 24 Heures du Mans – bien plus prestigieuses.

Terrain privilégié des Ferrari, les Mille Miglia vivent un moment historique lorsque les Mercedes 300 SLR viennent en 1955 se ranger sur le podium de Brescia. A 7 h 22, celle de Stirling Moss, accompagné du journaliste Dennis Jenkinson dans le rôle du navigateur, s'élance. Moss a déjà cassé deux machines du

Le tracé des Mille Miglia traverse la plus grande partie de l'Italie du Nord. On vient de tout le pays pour admirer les bolides.

même type dans les parcours de reconnaissance. Un dernier tête-à-queue à près de 200 km/h a cabossé l'avant de la machine victorieuse. Moss bat le record absolu de l'épreuve, à 100 miles à l'heure, soit 160 km/h. Jenkinson n'aura guère l'occasion d'utiliser son appareil photo...

Louis Klemantaski, compagnon d'équipée de Peter Collins à bord d'une Ferrari en 1956 et 1957, a plus de chance : ses prises de vue restent un témoignage unique sur les Mille Miglia.

Le public, notamment, ne bénéficie d'aucune protection. Les voitures traversent villes et villages à pleine vitesse. Et, en 1957, survient le drame que tout le monde redoutait. Alfonso Cabeza de Vaca, marquis de Portago, grand d'Espagne et descendant de ces hidalgos que le roi avait lancés à la conquête des Amériques, est au volant de la puissante Ferrari 4000. Soudain, à 40 km de l'arrivée, un pneu éclate sur les yeux de chat disposés au milieu de la route. La

voiture plonge dans un fossé, entraînant dans la mort le pilote, son coéquipier, l'Américain Ed Nelson, et une dizaine de spectateurs. Piero Taruffi, le renard argenté, remporte l'épreuve sur Ferrari. Mais c'est la dernière : les Mille Miglia seront désormais interdites. Chaque année depuis 1977, une promenade commémorative sur le même parcours réunit les voitures qui l'ont un jour emprunté à pleine vitesse.

## Emotions en Sicile

Pour ne pas être en reste sur les belles épreuves de ville à ville disputées en France, le comte Vincenzo

Les Mille Miglia n'ont pas été courues depuis 1957. Mais chaque année, les voitures qui eurent un jour l'honneur d'y figurer reprennent la route, pour le grand plaisir de tous les amateurs (à gauche). Pour les pilotes, il s'agit avant tout de respecter les vénérables mécaniques. Parfois, le rugissement d'un moteur vient rappeler qu'elles n'ont pas encore effectué leur dernier galop. Et tout le monde revit les grandes heures de ces courses à travers le pays, quand la foule saluait le défilé des concurrents, dans les villages de la péninsule italienne, ou dans ceux de la Sicile pour la Targa Florio (à droite). On ne s'embarrassait pas, alors, de contraintes de sécurité. Public et concurrents communiaient dans la même ferveur, dans le vacarme des moteurs en échappement libre et l'âcre odeur d'huile de ricin brûlée. On voyait le visage des pilotes sous le casque. Et quand ils tombaient en panne, on venait leur donner un coup de main : une occasion supplémentaire de caresser ces belles machines qu'aucun enclos ne protégeait. On comprend mieux, dès lors, l'immense succès populaire des commémorations.

Florio lance en 1906 l'idée d'une course autour de la Sicile, la Targa Florio. Les risques sont importants : le tracé, qui évoluera au fil des ans, suit de mauvaises routes de montagne, allant jusqu'à inclure la traversée de plusieurs villages.

Les pilotes ne sont pas à l'abri de surprises. Aux temps héroïques, il n'est pas rare que certains d'entre eux soient retenus en otages par des bandits. Plus fréquemment, les bolides se trouvent nez-à-nez avec des bestiaux évadés de leurs pâtures ou des paysans dans leurs carrioles. A 200 km/h, cela provoque parfois des dégâts... L'un des premiers participants, avant la Guerre de 14, s'appelle Enzo Ferrari. Il est au volant d'une Lancia et son expérience des courses de côte lui est précieuse dans les lacets de la Targa.

Les années vingt voient s'affronter les Mercedes et les marques italiennes, Fiat, Itala, Alfa Romeo. Puis les solides Bugatti 35 établissent durant quatre années consécutives leur domination, histoire d'oublier leurs déboires aux 24 Heures du Mans. En 1955, Stirling Moss y réédite son exploit des Mille Miglia, associé cette fois à Peter Collins.

Les dernières grandes heures de la Targa Florio consacrent les agiles petits spyders Porsche, du RS au 908. Ces machines très performantes sur les tracés sinueux l'emportent tout au long des années soixante et soixante-dix, jusqu'à ce qu'en 1973 l'épreuve soit supprimée pour des raisons de sécurité. Une page héroïque du sport automobile semble définitivement tournée.

## Les rallyes prennent la clé des champs

Les raids de ville à ville, en vogue au début du siècle, ne s'embarrassaient pas de règlements très compliqués. Il fallait aller le plus vite possible, et le premier arrivé était déclaré vainqueur. En 1911, avec la création du rallye de Monte-Carlo, un nouvel état d'esprit se fait jour.

Les premiers participants du rallye de Monte-Carlo prennent la route à bord de leurs voitures personnelles. Elles doivent être en tout point semblables à celles que l'on trouve dans le commerce. L'élégance de l'équipage est aussi importante que la régularité de sa progression. Quelles que soient les difficultés climatiques, il doit se présenter à l'arrivée dans un état de propreté satisfaisant. Les concurrentes féminines, souvent exclues des épreuves de vitesse pure, trouvent dans le rallye le moyen d'exprimer leur talent, comme Odette Siko, ici avec sa passagère devant sa Triumph, en 1935.

D'abord envisagé comme un concours d'élégance de renommée internationale, destiné à promouvoir la ville de Monaco face à ses rivales de la Côte d'Azur, l'épreuve prend une dimension nouvelle à l'initiative d'Antony Noghès. Pour participer à ce concours, il faudra que les voitures viennent par la route depuis toutes les capitales européennes, Berlin, Saint-Pétersbourg, Athènes ou Bucarest.

Les règlements d'alors semblent bien désuets, comparés à ceux concoctés aujourd'hui par la Fédération internationale

Point n'est besoin, alors, de porter casque et combinaison. Le comble du chic consiste à arborer un costume de ville de la meilleure coupe, sans oublier le chapeau de feutre, indispensable en 1928. Des voitures comme la Simson et l'Adler (à gauche) sont pourtant puissantes et rapides. Mais la moyenne qu'on leur impose n'autorise pas de grands excès de vitesse. Il suffit de piloter avec régularité, et de rallier la principauté en bon état.

de l'automobile. Ainsi attribuait-on naguère des points pour la propreté et l'élégance de la voiture, ou pour le confort des passagers. Il est vrai que les concurrents les plus riches se faisaient conduire par leur chauffeur... Des points récompensaient même les meilleures photos prises en cours de route ! Il n'était pas rare de voir de somptueuses berlines – Rolls, Hispano-Suiza, Isotta-Fraschini – voisiner avec des véhicules encore plus inattendus, comme cet autocar parti en 1934 de Varsovie. On emportait des malles pleines de vêtements chic pour briller au concours d'élégance. Les moyennes imposées étaient clémentes, ce qui, compte tenu de l'état des routes et du manque d'équipement des voitures, était préférable.

Et puis, petit à petit, le règlement a évolué, imposant des normes plus sportives. L'évolution technique a suivi. Les premières chaînes sont apparues pour affronter les routes hivernales. Et les voitures sont devenues de plus en plus adaptées à toutes les difficultés de l'épreuve. La renommée du rallye a fortement motivé les constructeurs. Et le bel amateurisme des débuts s'est progressivement transformé en lutte acharnée pour conquérir des marchés.

Le rallye automobile de Monte-Carlo a toujours été le plus célèbre du genre, même si les points que l'on y glane dans le championnat du monde ne comptent pas davantage que ceux de ses équivalents en Grèce, en Angleterre ou au Portugal. Question de prestige sans doute : chacun met un point d'honneur à triompher dans le «Monte».

## L'heure des professionnels

Dès les années soixante, l'industrie automobile européenne tout entière est concernée par le rallye de Monte-Carlo – même si les épreuves du même type qui se déroulent en Grèce (Acropole), en Angleterre (RAC) ou en Finlande (Mille Lacs) connaissent un succès populaire grandissant. Les victoires de Sandro Munari sur Lancia, des Finlandais volants Timo Makinen et Raauno Aaltonen sur la merveilleuse Mini-Cooper, de Pauli Toivonen sur la Citroën DS-21, ou d'Eric Carlsson sur la Saab 88 ont consolidé l'image de ces marques.

Des femmes, Pat Moss, Annie Soisbault, Michèle Mouton, y font preuve d'un remarquable coup de volant. En 1982, avec l'entrée en lice de bolides turbocompressés comme la Lancia 037 ou la Peugeot 16 soupapes, disparaît l'illusion que c'est la voiture de Monsieur Tout-le-monde qui dispute un championnat international... Le prix des seules machines, sans compter celui de la structure d'une équipe (jusqu'à près de cent personnes pour un top-team !), réserve les grands rallyes à de véritables professionnels. Les antiques épreuves de freinage et d'accélération, disputées dans les rues de Monaco, ont été remplacées par des «spéciales» mettant en valeur les talents d'équilibristes et de fonceurs des meilleurs.

Aujourd'hui les monstres aux allures de prototypes ont fait place à des voitures en apparence plus proches de la série. Disposer d'un modèle compétitif est cependant encore très onéreux et laisse peu de chances à l'amateur de figurer honorablement dans

Lorsque Michèle Mouton devient vice-championne du monde des rallyes, en 1982, les machines ne sont plus depuis longtemps celles que l'on trouve chez un concessionnaire ordinaire. Les performances hors du commun de son Audi Quattro sont dues à une préparation intense autant qu'à l'usage de parties mécaniques réservées à la seule compétition. De telles voitures ne sont pas à mettre entre toutes les mains : un bon niveau sportif se révèle nécessaire pour en tirer le meilleur parti, sinon les maintenir simplement sur la route...

un rallye international. Reste la multitude d'épreuves locales, qui font le bonheur des fonceurs aimant en découdre dans des conditions limites.

Les empoignades au plus haut niveau sont suivies, sinon directement assistées, par les constructeurs. En effet, le rallye, comme la Formule 1 et, dans une moindre mesure, l'endurance est un enjeu commercial de taille. Ce que les Japonais, champions du monde 1994 avec la Toyota de Didier Auriol (face à la Subaru de Carlos Sainz) ont bien compris et exploité.

Le paysage hivernal des Alpes du Sud est le plus bel écrin que l'on puisse imaginer pour le rallye de Monte-Carlo. Pourtant, Carlos Sainz (ci-contre), plusieurs fois champion du monde, a d'autres soucis que de le contempler. Entre autres, celui de placer sa voiture dans la meilleure position pour aborder, sur la route glacée, une suite de virages dans un col. A ce jeu de la glisse, tout à fait spectaculaire, les meilleurs restent les Finlandais, ces Kankunen, Toivenen, et autres Vatanen qui ont toujours été les plus redoutables concurrents, surtout dans les conditions climatiques difficiles. Pour eux, comme pour tous les pilotes de haut niveau, une assistance technique importante est obligatoire.
Dans des épreuves comme le Paris-Dakar (en bas), celle-ci peut même être vitale. L'équipage ensablé ne pourra la plupart du temps compter que sur elle pour se dégager, et se désaltérer. Sans doute l'aventure n'a-t-elle plus le panache des raids comme la Croisière jaune, en 1931, quand les chenillettes Citroën devaient être démontées pièce par pièce pour franchir les cols de l'Himalaya.
Page suivante, la Ferrari 312 PP.

Esso
2
GOODYEAR

# TÉMOIGNAGES ET DOCUMENTS

«Faim. Faim de piloter, de courir, de foncer, foncer à nouveau
– une fringale de vitesse. Peut-on comprendre ça,
nous autres citoyens automobilistes?»
Jean-Philippe Domecq,
*Ce que nous dit la vitesse*, 1994

# Sur la route

*Quelle folie de se lancer à fond d'accélérateur sur les chemins empruntés d'ordinaire par de braves pères de famille! De se mesurer au chronomètre sur des parcours pleins de dangers! De défier les lois de la pesanteur au volant de machines infernales sous l'œil envieux de milliers de spectateurs! Paris-Madrid, Targa Florio, Mille Miglia ont disparu, mais leur légende survit encore.*

LE PESAGE DES VOITURES DE LA COURSE PARIS-MADRID

Paris-Madrid 1903 : le pesage... et l'un des nombreux accidents (à droite).

## Paris-Madrid 1903

*Les coureurs viennent à peine de quitter la grande banlieue qu'un drame se produit. On arrêtera l'épreuve à Bordeaux, à cause des accidents.*

Plus de deux cents autos particulières ont pris le chemin de Bonneval, où l'on a des chances d'éprouver de fortes émotions. Au cours de la nuit, des chars à bancs ont emporté des amateurs vers les virages les plus dangereux. Partout, on mange, on boit, on chante. On envahit aussi la route, et le correspondant du *Figaro* écrit : « De l'aveu des coureurs, la course s'est effectuée dans des conditions particulièrement dangereuses. Beaucoup de spectateurs avaient emmené avec eux des enfants et des chiens. Ils se tenaient sur la route même, ne reculant qu'au passage des voitures… Les concurrents disent qu'ils avaient l'impression d'une route fermée devant eux par la foule, et qu'il leur fallait, ou couper l'allumage, ou foncer sur la foule, en se demandant avec anxiété si elle s'écarterait à temps. »

A Ablis, à cinquante mètres du contrôle, une jeune femme traverse au moment du passage d'un coureur. Le choc la rejette à plusieurs mètres. On se précipite à son secours, mais elle est morte sur le coup.

A Bonneval, un coureur fonce vers le passage à niveau fermé. Il n'a pas vu le drapeau jaune qu'agite un officiel. L'express de Tours va passer. Chaligney, le garde-barrière voit le bolide qui arrive sur lui sans ralentir. Risquant le tout pour le tout, il ouvre la barrière. La voiture passe en trombe devant le train dont la locomotive l'effleure presque.

Une heure plus tard, le même passage à niveau est le théâtre d'un accident plus grave. Cette fois, le porte-drapeau avait quitté son poste. La voiture n° 243,

conduite par un amateur irlandais de Belfast, Porter, accompagné de son mécanicien, Nixon, fonçait à toute allure. Elle avait été retenue par une avarie à un cylindre et l'équipe était anxieuse de combler son retard.

«Je me suis aperçu du virage, devait déclarer Porter, quand je me suis trouvé dessus. Pour éviter d'aller m'écraser sur la maisonnette, je me suis lancé dans les terres labourées. Malheureusement, je n'ai pu éviter que l'auto fasse un demi-tour sur elle-même, me projetant sur le sol. Sous le choc, je me suis évanoui…»

Lancé comme par une catapulte, l'engin rebondit sur les sillons et s'écrase contre la maison, se retournant sur le mécanicien. Sous le choc, le réservoir d'essence fait explosion.

Les flammes jaillissent. Un hangar attenant au bâtiment prend feu à son tour. Le garde-barrière, qui se souviendra longtemps de cette journée, lance des seaux d'eau et parvient à maîtriser l'incendie. Mais quand on réussit à écarter les débris du véhicule, le corps de Nixon est carbonisé.

Des spectateurs veulent porter

secours à Porter, mais celui-ci se relève, et revient vers la route en titubant.

On le soutient.

« Where am I ? murmure-t-il. What happened ?

– Qu'est-ce qu'il dit ?

– Je ne sais pas. Il parle anglais. »
Il faudra plus d'une heure avant que l'Irlandais retrouve ses esprits. Alors, il raconte à qui veut l'entendre : « C'est moi qui aurais dû mourir. J'étais le plus exposé. Avant de partir je lui avais donné sept mille francs que j'avais sur moi en lui disant : "Si je suis tué, ce sera pour les frais." »

Il regarde le corps que l'on emporte sur une charrette à Bonneval.

« Hélas ! c'est lui qui est mort, et mes billets ont brûlé avec lui… ».

L. Sapin,
« Paris-Madrid automobile 1903 »
*Le Roman vrai de la IIIe République*,
Denoël

Enzo Ferrari (au centre) en 1953 à Modène.

*Enzo Ferrari se souvient qu'il a d'abord été pilote. L'un de ses circuits préférés était celui de la Targa Florio, tracé dans les montagnes de Sicile.*

Je crois que je ne me débrouillais pas trop mal comme pilote de course. Je fis mes premières armes à l'occasion de la première course Parme-Berceto, où je me classai quatrième dans la catégorie 3 litres et où je recueillis ce qui restait d'applaudissements auprès d'un public qui s'était usé les mains à applaudir le grand Antonio Ascari, vainqueur incontesté du Grand Prix Fiat 1914 sur une 4 litres et demi. La même année, je fus soumis comme pilote à un test décisif dans le Targa Florio. Sivocci et moi quittâmes Milan pour la Sicile, descendant toute la péninsule italienne dans la même C.M.N. à bord de laquelle nous devions courir.

Dans les collines des Abruzzes, nous nous trouvâmes pris dans une tempête de neige et confrontés avec un danger auquel nous n'avions pas pensé : nous fûmes poursuivis par des loups ! Ils se dispersèrent toutefois lorsque nous eûmes tiré quelques coups de revolver que je gardais toujours sous la banquette et en voyant arriver un groupe de cantonniers armés de torches et de fusils. Nous arrivâmes à Naples juste à temps pour charger nos voitures sur la *Citta di Siracusa*, un vapeur de la flotte Florio. Grâce à l'accord tacite qui unit entre eux les pauvres (je n'avais pas plus de quatre cent cinquante lires en poche), les dockers arrivèrent à notre secours et persuadèrent les matelots qui larguaient les amarres de nous attendre. Sivocci et moi ainsi que plusieurs autres pilotes atteignîmes enfin Palerme, après une nuit affreuse durant laquelle nous dûmes subir l'inconfort d'une mer agitée et les assauts de toutes sortes de puces et de punaises.

La Targa Florio de 1919 fut remporté par Boillot sur une Peugeot. Juste au moment où il franchissait la ligne d'arrivée, le pilote français renversa un spectateur imprudent. Il n'y avait alors pas de tribunes à l'arrivée, mais seulement des poteaux de bois entre lesquels étaient tendues des cordes.

C'était la première fois que je voyais un mort sur la piste. Pour ma part, je fus retardé dans cette course par un petit incident : mon réservoir d'essence commença à se détacher dès le premier tour, m'obligeant à m'arrêter et à réparer une des courroies qui le fixaient au châssis, ce qui me fit perdre plus de quarante minutes et me relégua à une des dernières places. Je parvins à regagner un peu du terrain perdu en prenant quelques risques; mais vers la fin de la course, un nouveau et cette fois bien étrange coup du sort me persuada que je devrais reporter sur une autre occasion mes rêves de gloire. J'allais entrer dans Campofelice, suivi de deux autres voitures quand trois carabinieri plantés, jambes écartées au milieu de la route, nous firent signe de stopper.

On obéit toujours aux injonctions des carabinieri, aussi nous arrêtâmes-nous et demandâmes avec déférence ce qui se passait. « Rien du tout; il n'y a pas eu d'accident ni de voiture en panne sur le circuit, répondirent-ils, mais il vous faudra simplement patienter jusqu'à ce que le président ait fini son discours. » Un peu plus loin, juste après un virage, la route ainsi que la place du village étaient encombrées d'une foule venue applaudir le président de la République italienne, Vittorio Emanuele Orlando. Nous élevâmes quelques timides protestations. mais en vain. Le discours se prolongea interminablement et, quand ce fut tout de même fini, on ne nous permit même pas de reprendre la course : on nous laissa seulement, et non sans que nous eussions fortement insisté, suivre les dernières voitures du cortège présidentiel. C'est ainsi que pendant plusieurs kilomètres nous roulâmes lentement derrière la grande limousine De Dion-Bouton noire, et nous ne pûmes foncer vers la ligne d'arrivée que lorsque la voiture du président eut pris une autre route.

Lorsque nous arrivâmes enfin, les chronométreurs et les spectateurs avaient tous disparu avec le dernier train pour Palerme. Un carabiniere, muni d'un réveil, enregistrait patiemment les heures des dernières arrivées, arrondissant les chiffres à la minute pour simplifier. Le lundi, j'allai voir Don Vincenzino Florio. « Voyons, de quoi vous plaignez-vous ? me dit-il avec sa franchise habituelle. Vous étiez en retard, vous n'avez pris aucun risque et nous sommes même assez bons pour vous faire figurer au classement ! » On m'attribua la neuvième place, ce qui était censé être un succès, si mince fût-il. Tel était Don Vincenzino Florio ! Je le considérais comme un précepteur et, plus tard, je le comptais parmi mes amis. Il a une place d'honneur aujourd'hui dans ma mémoire, là où reposent les authentiques pionniers.

Enzo Ferrari,
*Mes joies terribles*,
Robert Laffont

*Les dernières Mille Miglia sont courues en 1957. La fin tragique de Portago sonne le glas de la grande épreuve italienne.*

« Le samedi », écrivit Klemantaski plus tard dans *Autocourse*, dans les voitures de course, nous avons pris la tête de toute l'équipe pour sortir de Modène. Quelle vision magnifique c'était lorsque nous avons commencé à serpenter dans la campagne, quatre voitures rouge superbes, rugissant l'une derrière l'autre lorsque nous rétrogradions avant les virages, en traversant les village endormis où les habitants sortaient en courant presque toujours trop tard pour voir autre chose que l'arrière de la dernière voiture.

La scène des vérifications techniques

sur la Piazza della Vittoria à Brescia a été assez souvent décrite mais lorsque nous avons essayé de partir, la foule de gens, de vélos, de petits garçons et de scooters était telle qu'il était impossible de dire par où il fallait passer. C'était comme si on volait dans le brouillard au ras du sol : il fallait s'en remettre aux bâtiments qui dominaient la place. A force de les pousser, nous avons fini par trouver une sortie mais la carrosserie avait souffert pendant ce temps ; les minces panneaux d'aluminium étaient tout cabossés sur les côtés. »

Ce soir-là, Peter, Louise, Louis et trois amis se retrouvèrent assis pour dîner avec Fon de Portago et son grand ami et passager, Ed Nelson ; Olivier Gendebien et son cousin et passager Jacques Wascher ; Taffy von Trips et deux journalistes. Cela faisait un total de treize personnes comme quelqu'un le remarqua bien vite. Heureusement, pour la tranquillité d'esprit des dîneurs superstitieux, ils étaient assis à deux tables distinctes qui avaient été rapprochées.

« On suggéra de séparer légèrement les deux tables, ce qui fut fait, écrivit Louis, mais quand on sait de quel accident terrible de Portago et Nelson allaient être victimes le lendemain, est-ce que cela signifie que l'on ne peut pas tricher aussi aisément avec le Destin ? »

Louise se rappelle ce dîner à propos d'une remarque faite par de Portago à un moment. Rétrospectivement, il aurait pu aussi bien dicter sa propre épitaphe.

« La vie est faite pour être vécue pleinement », dit ce membre de la noblesse espagnole, qui respectait toujours ce précepte. « Il vaut mieux vivre pleinement pendant trente ans plutôt que d'être à moitié-mort pendant soixante. »

Le lendemain, il était « pleinement mort » à l'âge de trente et un ans.

« Portago était un personnage fascinant, raconte Louise, mais je ne le trouvais pas attirant comme pouvaient l'être Taffy von Trips, Olivier Gendebien et Jo Bonnier. Il avait toujours l'air fruste et débraillé, crasseux. Pourtant, il attirait toutes ces femmes incroyablement belles, des femmes disponibles et aussi des tas de femmes qui n'étaient pas censé l'être ! Il était vraiment extraordinaire dans la façon dont il se glissait dans le lit d'un nombre de femmes étonnant et en sortait sans que personne ne sache rien. Cet homme était si occupé par les femmes que je ne

Les Mille Miglia en 1956.

sais pas quand il trouvait le temps de piloter ! »

Les voitures engagées par Ferrari dans les Mille Miglia 1957 comprenaient quatre voitures de sport et une GT. Initialement, les premières devaient être pilotées par Piero Taruffi et Wolfgang von Trips (3158, V12 3,8 litres) et Peter Collins et Olivier Gendebien (3358, V12 4,1 litres) avec Fon de Portago sur la 250GT. Cependant, quelques jours avant la course, Enzo Ferrari appela Gendebien et de Portago ensemble et leur fit part d'un changement de projets. « Vous, Gendebien, vous prendrez la GT, dit-il, et vous, Portago, vous prendrez la voiture de sport et vous me surprendrez si vous allez aussi vite que Gendebien avec la GT. »

C'était une façon de plus de Ferrari de forcer ses pilotes à rester sur leurs gardes. Olivier Gendebien s'était déjà taillé la réputation d'un pilote extrêmement rapide en GT après avoir remporté le Rallye Liège-Rome-Liège avec une Mercedes 300SL et en terminant cinquième au classement total des Mille Miglia en 1956 avec une Ferrari 250GT. Seulement quelques semaines plus tôt, il avait remporté le Tour de Sicile, sur une Ferrari GT également. La remarque d'Enzo était de nature à faire réfléchir Portago.

Chris Nixon,
*Mon ami Mate. Mike Hawthorn et Peter Collins : les vies brèves, mais intenses, de deux des plus grands pilotes des années 50*, Editions Rétroviseur, 1992

# Le perdant magnifique

*Vingt-trois heures au volant! Déjà, en 1950, Louis Rosier avait tenu aussi longtemps. Et gagné. Deux ans plus tard, pour Pierre Levegh, le doute n'est pas permis : il est en mesure de renouveler l'exploit à bord de sa Talbot. Et puis la casse, la poisse, la fatigue... A une heure de la fin, il s'effondre et laisse filer les Mercedes vers la victoire.*

**Le Mans, 1952**

Dès le départ, le public sent que cette épreuve ne ressemblera pas aux autres. Quatre abandons avant la fin de la première heure ! Un peu plus tard, Ascari, sur Ferrari, établit un nouveau record du tour, en 4'40" 5/10, ce qui équivaut à la moyenne hallucinante de 173,2 km. Le glorieux vétéran a-t-il trop présumé des forces de sa mécanique ? Trois tours plus loin, il abandonnera, vaincu par son embrayage récalcitrant.

En guise de consolation, le destin lui offre, presque aussitôt, l'holocauste des trois Jaguar. Les reporters sportifs n'en reviennent pas : vainqueur l'année précédente, gagnante très possible cette année, la grande marque britannique est éliminée après à peine trois heures de course ! Est-ce la malchance qui s'acharne sur les Jaguar, ou ce triple échec a-t-il une raison précise ? Quelques journalistes ont surpris, la veille du grand jour, les mécaniciens anglais occupés à supprimer, à la lime, un volet d'aération sur deux du capot. Bien entendu, le directeur de course s'est refusé à commenter cette « amélioration » de la dernière heure. Mais de là à conclure à l'échauffement excessif des moteurs, il n'y avait qu'un pas qu'à présent, les spectateurs avertis ont déjà franchi.

A ce moment, la Gordini de Manzon-Behra est déjà nettement en tête. Elle augmente même constamment son avance. A 20 heures, elle mène, bien détachée devant la Mercedes de Kling-Klenk. La célèbre marque allemande qui effectue, avec ces Vingt-Quatre Heures, sa rentrée dans les compétitions internationales, fait une course régulière, rapide, bien que relativement prudente. On sait que Neubauer, le « terrible dictateur » des visiteurs d'outre-Rhin, a imposé à ses poulains une discipline

L'attente… (Le Mans 1952)

rigoureuse : obéissance absolue à ses ordres signalés à chaque passage devant le stand, changement de conducteur à chaque ravitaillement, repos total et légère collation pour celui qui vient de céder le volant. Et, surtout, conservation du même rythme. C'est évidemment la sagesse même ; il n'empêche que l'on s'attendait à plus d'agressivité, de la part des Allemands. Les bolides frappés de l'étoile à trois branches ne réagissent même pas quand, vers la fin de la cinquième heure, Levegh et Marchand, sur Talbot, font une remontée spectaculaire, dépassant successivement une Mercedes, une Ferrari, une Cunningham et, après un bref répit, ravissent la deuxième place à Kling. Avec une indifférence déconcertante, les Allemands acceptent d'être précédés par deux Français. C'est à croire qu'ils ont bien changé, depuis l'époque des duels héroïques, avant la dernière guerre !

Et la course se poursuit, toujours marquée par une véritable cascade d'abandons. A minuit, vingt et une voitures sont hors de combat. La Gordini de Manzon-Behra garde la tête, avec un tour d'avance sur la Talbot de Levegh-Marchand, derrière laquelle se placent deux Mercedes et une Ferrari. La moyenne générale a légèrement baissé, du fait du brouillard qui stagne sur certaines parties du parcours. Un peu après 3 heures, coup de théâtre : la Gordini, trahie par ses freins, est retirée de la course ! Les spectateurs, encore très nombreux, ne cachent pas leur désappointement. Ils auraient tant voulu assister au triomphe d'Amédée Gordini, solitaire génial qui, luttant avec les moyens du bord, contre vents et marées, s'obstine à maintenir bien haut le drapeau de la technique française.

On apprendra, le lendemain, que la cause de l'avarie n'était pas une erreur

La course vers les voitures… (Le Mans 1959)

dans la conception des freins – ceux-ci, au contraire, sont extrêmement puissants et efficaces – mais la substance des garnitures. C'est cette substance qui s'est effritée, se répandant sur les roues, le siège, et jusque sur le bas de pantalon des conducteurs. Si bien qu'après une centaine de tours, il n'en restait rien. Manzon et Behra roulaient pratiquement acier sur acier ! C'était d'autant plus tragique que la voiture, terminée juste une semaine avant l'épreuve, s'était révélée absolument remarquable par sa tenue de route, sa précision, sa sécurité. Désolés, les deux pilotes offrirent à Gordini de supprimer les freins avant. La voiture leur inspirait une telle confiance qu'ils se déclaraient prêts à continuer avec les seuls freins arrière ! Offre généreuse que Gordini, soucieux de la vie de ses conducteurs, dut cependant décliner.

Le retrait de la Gordini n'a toutefois pas réduit à zéro les chances tricolores. Ces chances se trouvent seulement diminuées de moitié. C'est qu'il y a toujours une voiture française à la première place, la Talbot de Levegh-Marchand. Plus exactement, la Talbot de Levegh. Car Marchand n'a pas encore eu l'occasion de prendre le volant. Levegh qui, d'ailleurs, a tenu à mettre lui-même au point son bolide, pilote depuis le départ, refusant de se laisser relayer à la faveur des arrêts de ravitaillement. A la méthode implacable de l'écurie Mercedes, à la sérénité mathématique des Allemands, Levegh oppose la fougue, l'entêtement, la hargne de l'improvisation française. Et la suite des événements lui donne raison.
Conduisant avec une maîtrise parfaite, Levegh s'achemine vers la victoire. A la seizième heure, il a trois tours d'avance sur la première Mercedes. A midi, quatre heures avant la fin de la course, il a porté son avance à cinq tours. Dans le stand de la marque allemande, Neubauer

Le départ… (Le Mans 1965)

commence visiblement à s'énerver. Ses prévisions, soigneusement minutées, son organisation impeccable, toute sa magnifique « machine de guerre » vont se trouver ruinées par l'obstination invraisemblable de ce Français, véritable centaure moderne, soudé en un seul bloc avec sa puissante voiture. Les abandons successifs qui réduisent le peloton à dix-neuf concurrents ne le consolent guère. Cinq tours d'avance – à moins d'un miracle, les Mercedes sont battues !

Quelques minutes après le début de la vingt-deuxième heure, Levegh s'arrête pour le dernier ravitaillement. Tout le monde, chez Talbot, a le sourire. Levegh dispose, en effet, d'une marge de sécurité telle qu'aucune attaque des Mercedes ne saurait le menacer. Le pilote suce la moitié d'une orange que lui tend son coéquipier Marchand – ce coéquipier qui, pas une fois, n'a eu le droit de tenir le volant – puis, hagard, les yeux brûlés, titubant, il plonge de nouveau dans sa voiture. Le voilà emporté, une fois de plus, vers la rampe qui marque le terme du premier kilomètre. Cinq minutes s'écoulent. Mme Levegh ne quitte pas du regard ses chronomètres. Une voiture bleue approche. « C'est lui ! » crie un mécanicien. Erreur c'est une autre Talbot. La sixième minute passe, et dans le stand, les visages s'assombrissent. Sept minutes… huit minutes… Mme Levegh, doucement, baisse la tête. Des larmes coulent sur ses joues. Dix minutes… Un crépitement soudain dans les haut-parleurs, puis, une voix froide, affreusement impersornelle, annonce :

«Nous apprenons que la voiture n° 8, Talbot, conduite par Levegh, est arrêtée au poste 104… »

H.J. Plathner et W. Bittorf
*La Fabuleuse Histoire de l'automobile et de la course*,
traduit de l'allemand par Max Roth,
Editions Buchet-Chastel, Paris

# Indianapolis

*Le visage de la grande classique américaine a changé lorsque les petits bolides européens ont décidé de s'aligner aux côtés des «dinosaures» locaux. Non sans mal. Manœuvres en coulisses, coups bas, non respect du règlement, tout est bon pour empêcher la Lotus de Jim Clark de l'emporter dès sa première participation. Mais le pli est donné. Les dinosaures vont disparaître. Et le plateau des engagés se composera de plus en plus de monoplaces «made in England».*

*A Indianapolis, le spectacle ressemble à celui des arènes de la Rome antique : le public jouit du drame, attendu, espéré. Tant pis pour les pilotes-gladiateurs.*

Par rapport aux autres sports, le sport mécanique a ceci de spécifique qu'il propose plutôt des machines que des hommes aux fantasmes d'identification collective. Ce n'est pas un hasard si le propriétaire des Novi-Offy, Andy Granatelli – profil de catcheur et costume blanc imprimé de badges «STP-STP-STP» –, réclama qu'on interdît les voitures européennes, dont la petite taille allait diminuer l'attrait du spectacle et dont le faible poids constituait un danger. De fait, en 1964, Jim Clark avait course gagnée lorsqu'une rupture de suspension le priva d'une roue arrière. La vitesse est telle à Indianapolis que Clark glissa ainsi sur un demi-tour, dans une gerbe d'étincelles. C'est une constante chez Lotus : les tours de passe-passe de Chapman pour diminuer le poids de ses voitures en accusaient la fragilité. Le 7 avril 1968, la Lotus de Clark, au lieu de virer, continue tout droit : défaillance inexplicable si ce n'est par un bris de direction.

Cela dit, avec ses gros sabots – ses bottes de cow-boy blanches –, Andy Granatelli savait bien que l'argument de la «légèreté des européennes», et donc de la sécurité des pilotes, était sinon diplomatique, du moins purement

Jacques Villeneuve à Indianapolis en 1994.

rhétorique. La sécurité n'est pas précisément ce qui importe au public d'Indianapolis, ni aux organisateurs. Granatelli en eut confirmation le lendemain de sa déclaration dès le deuxième tour de la course. Survint alors un de ces terribles carambolages typiques des 500 Miles et pour lesquels la piste semble conçue. Celle-ci étant ovale, les concurrents se battent pour tenir la « corde » intérieure des virages, tous quatre à gauche. Or, au départ, le peloton est fort dense, par rang de trois voitures. Ajoutez à cela les vitesses que le tracé permet d'atteindre, entre 250 et 350 km/h roue dans roue. Résultat : l'un des concurrents tenta d'en doubler un autre à l'intérieur du quatrième virage, manqua son coup, traversa la piste en perdition, s'écrasa contre le mur de protection, rebondit en feu vers la piste où déboulaient dix-neuf bolides. Deux pilotes furent brûlés vifs. L'incendie fut tel, autour notamment de la voiture en magnésium d'Eddie Sachs, que la course fut interrompue pendant une heure quarante-cinq, le temps pour les pompiers de reconstituer leurs réserves de neige carbonique. On imagine avec quelle attention journalistes et caméras scrutèrent le visage des concurrents restants qui, durant cette heure quarante-cinq, attendirent le nouveau départ, les uns avec leur équipe, les autres dans leur cockpit. Clark avait le regard rêveur mais de temps en temps réajustait son casque. Dans ce moment de tension qui précède tous les départs, certains pilotes ont les yeux qui remontent sous l'orbite et on leur voit le blanc des yeux sous l'iris. Le 30 mai 1964, ils avaient devant eux d'épais nuages de fumée qui traversaient les hauts grillages, tandis que des tracteurs tiraient les carcasses brûlées.

Les hauts grillages; la foule, derrière. Elle a hurlé, elle tremble encore, mais elle reste, attend. Est-elle venue pour cette attente ?

Des carambolages pareils. elle en a vus et en verra, sur ce tracé qui semble le plus bête du monde à qui oublie qu'il fut sans doute tracé inconsciemment autour du danger – d'où son formidable succès. 375 000 spectateurs s'agglutinèrent autour de l'ovale en 1963 pour assister au match opposant les deux conceptions de la puissance mécanique : les Novi-Offy américaines, conservatrices et superlatives, contre les Lotus anglaises, avant-gardistes et minimales. La veille, la piste avait été entièrement passée à l'aspirateur. Et « la nuit qui précède la course », écrit Gérard Crombac dans un de ses meilleurs reportages à *Sport-Auto*, « les voitures des spectateurs viennent faire la queue afin de pouvoir venir occuper une bonne position le lendemain matin. La file s'étend sur plusieurs kilomètres, à quatre de front, et les occupants des voitures passent la nuit à danser sur la route et à boire des litres de bière dont on retrouvera les emballages éparpillés sur la chaussée le lendemain. Les patrouilles de police ont fort à faire pour maîtriser les ivrognes, et les automobilistes, qui roulent en sens contraire, ont intérêt à fermer leurs fenêtres car ils sont bombardés de projectiles divers. Finalement, à cinq heures du matin, l'explosion d'un énorme pétard annonce l'ouverture des grilles et déchaîne un colossal concert d'avertisseurs ».

Kermesse sportive, certes, mais notons que c'est le seul engouement collectif que connaissent nos sociétés. Et répétons : tout cela pour se retrouver derrière d'épaisses et hautes grilles qui vous protègent des volées de métal et roues en feu.

Jean-Philippe Domecq,
*Ce que nous dit la vitesse*,
Quai Voltaire, 1994

# Formule 1, la reine des batailles

*Les Grands Prix sont suivis par près d'un milliard de spectateurs. Aucun sport ne peut prétendre aujourd'hui à une telle couverture médiatique. Dans le monde de l'automobile même, la Formule 1 possède une dimension héroïque. Les noms de ses pilotes ont pris, comme celui de Fangio, une valeur de symbole auprès du grand public.*

*Objet de tous les enjeux, notamment financiers, la F1 a perdu de sa fraîcheur et de son esprit sportif de naguère.*

[...] En quelques années, la F1, artisanat joyeux animé par quelques passionnés, s'est transformée en industrie de luxe où les dollars financent par millions les audaces technologiques. Pour les pilotes, le bouleversement n'a pas été sans conséquence. Il ne suffit plus de bien courir pour prendre le départ des grands prix. L'image du jeune espoir qui, mallette à la main, se lance à la chasse aux sponsors, est devenue banale. Des marques en mal de notoriété ou fascinées par une publicité à forte valeur ajoutée, peuvent lui permettre d'acheter le volant de ses débuts, lui assurer plus tard un confortable salaire dans une écurie de pointe. Leur rôle a modifié, de fond en comble, l'approche du métier. « Tous ces pilotes imposés par l'argent dans une écurie, je trouve cela vraiment dommage, avoue Laffite. J'aimerais vraiment que l'on arrête ce système. »

En 1995, le jeune pilote n'est plus

Jean Alesi sur Ferrari, au ravitaillement, lors du Grand Prix du Canada en 1995.

seulement un as du volant ou un metteur au point d'exception. Pour les petites et moyennes écuries, il est aussi une source de financement. Alors, dès ses premiers tours de piste, il s'entoure d'un soigneur, d'un conseiller juridique, d'un manager capable de l'aider dans ses tâches extra-sportives. A vingt-trois ans, le Brésilien Rubens Barichelio, de l'écurie Jordan-Peugeot, qui en est à sa deuxième saison en Formule 1, se félicite d'être cette année un salarié. Il est accompagné en permanence de l'un de ses « hommes à tout faire », à la grande surprise de Jean-Pierre Jabouille.

Celui-ci dirige l'équipe de Peugeot-Sport, qui fournit en moteurs l'écurie irlandaise Jordan. Il est le premier pilote à avoir fait gagner une Formule 1 équipée d'un moteur turbo. C'était en 1979, au volant d'une Renault. « Nous devions nous débrouiller tout seuls. Nous n'étions pas assistés en permanence comme ils le sont aujourd'hui, affirme Jean-Pierre Jabouille. Je me souviens du représentant d'une marque de vin qui était venu me voir lors d'un Grand Prix d'Italie. Il m'avait proposé de l'argent pour porter une publicité sur ma combinaison. Il ne me serait pas venu à l'idée de le démarcher, et encore moins d'avoir quelqu'un pour le faire à ma place. »

A cause de la télévision, d'une audience cumulée de milliards de téléspectateurs qui suivent chaque année les grands prix ; à cause du coût élevé d'un sport qui fait appel aux recherches les plus coûteuses de la technologie automobile, la Formule 1 a été prisé dans une spirale inflationniste dont les pilotes ont bénéficié. Le cas de Niki Lauda est, à cet égard, exemplaire. Le champion autrichien a connu deux carrières qui lui ont rapporté trois titres mondiaux et beaucoup d'argent. Au début des années 70, il emprunte 400 000 francs, pour acheter sa place en Formule 1. Le pilote autrichien appartient à une grande famille de la bourgeoisie viennoise. Son grand-père, le « vieux Lauda », possède un appartement à Vienne, une ferme de plusieurs centaines d'hectares en basse Autriche, une propriété somptueuse à Saint-Moritz. Il réprouve fortement la vocation de son petit-fils. Niki Lauda doit trouver l'argent par ses propres moyens.

Quatre ans plus tard, avant son titre de champion du monde en 1976, le pilote Ferrari obtient de l'équipe italienne un contrat de 600 millions de lires (environ 2 millions de francs) pour une saison. En 1982, il effectue son retour chez McLaren après une retraite de trois ans. Dans son livre autobiographique, intitulé *300 à l'heure* il raconte : « Je demandais plus qu'aucun pilote n'avait jamais obtenu. » Et il l'obtient. « L'augmentation des salaires a atteint dans cette période des proportions incroyables, explique Jean-Pierre Jabouille, qui arrêta sa carrière en 1981 à la suite d'un accident. Depuis 1992, ils ont eu tendance à régresser. Mais il y a encore un zéro de différence avec ceux de mon temps. » Les grands champions, Alain Prost, Ayrton Senna ou Michael Schumacher sont devenus, grâce à la Formule 1 et à ses contrats mirobolants, des milliardaires.

L'explosion médiatique a eu pour effet de placer la F1 au sommet d'une carrière de coureur automobile. Aux temps de Jackie Stewart, les pilotes s'engageaient dans plusieurs types de courses, se produisaient pour plusieurs écuries. Le triple champion du monde écossais participait à des courses de formule 2, tout en étant au sommet de la F1. L'on sautait d'une épreuve à l'autre, toujours sur le fil du rasoir, sans état d'âme. Aujourd'hui, les séances d'essais à répétition qui comblent les vides entre les grands Prix, le rythme soutenu d'une saison qui propose sur huit mois une course tous les quinze jours obligent les pilotes à ne penser qu'à la Formule 1.

C'est sur la piste que cela change le moins. Malgré les multiples bouleversements techniques enregistrés au fil des saisons, les qualités qui font les grands pilotes restent les mêmes : capacité à freiner tard, sensibilité au réglage des voitures, du châssis et du moteur. « Les meilleurs restent les meilleurs, quels que soient les règlements, affirme Jean-Pierre Jabouille. A n'importe quelle époque, Prost, Senna ou Stewart auraient enregistré les mêmes résultats. » Depuis le début des années 80, la Formule 1 a traversé trois époques. Il y a d'abord eu la période de l'effet de sol et des moteurs turbo, l'ère des voitures surpuissantes et capricieuses, difficiles à régler. Puis est venue celle de l'assistanat. L'électronique régnait sur les châssis et les moteurs, réduisant sensiblement la part du pilotage.

Il suffisait d'avoir le pied lourd sur les pédales d'accélérateur et de frein ; l'anti-patinage, qui évitait aux roues de se bloquer, se chargeait de maintenir la voiture sur la piste. Aujourd'hui, la part du pilote a repris de l'importance. « C'est le retour de la finesse, de la sensibilité, juge Jacques Laffite. Au début de ma carrière, nous étions très intuitifs, on travaillait un peu au pifomètre. La disparition de l'aide électronique a rendu sa place au pilote, mais, pour tous les réglages il dispose de données précises que nous n'avions pas en 1975. »

La passion du métier et de la vitesse qui anime les champions traverse ces époques. Olivier Panis, nouveau venu dans l'univers de la Formule 1, a fait ses premiers tours de piste au volant de la Ligier en 1994, aboutissement de longues années d'effort consentis dans toutes les formules intermédiaires : « Arriver en Formule 1, c'était mon rêve. Je suis là pour gagner des courses, je suis là surtout par passion. » La passion, c'est sans doute le seul sentiment qui unit tous ces fous de vitesse. « Moi, je n'avais strictement rien à faire de la couverture télé et presse, confie Niki Lauda. Il n'y avait qu'une chose qui m'intéressait, disputer des courses et en gagner le plus possible. » Jean-Pierre Jabouille explique avec acuité les sensations étranges qui habitent les conducteurs de voitures bolides : « Conduire une F1, c'est quelque chose d'exceptionnel. Mais cela procure des sensations que l'on ne rencontre nulle part ailleurs. On fait tellement corps avec la voiture que dans les meilleurs moments, on a l'impression qu'il n'y a pas de limite à ce vertige du tour parfait de la vitesse. Comme si, au bout du compte, la Formule 1 était beaucoup plus qu'un métier.

Pascal Ceaux,
« Les vertiges de la Formule 1 »,
in *Le Monde*, 1er juillet 1995

**La plus belle victoire de Fangio**

« Aujourd'hui, par un jour d'été splendide après des semaines de pluie, nous avons eu le privilège d'assister à ce qui a probablement été la plus belle course que le champion en titre, l'Argentin Juan

Manuel Fangio, ait jamais courue. » écrivit Rodney Walkerley dans *The Motor*. « Chevauchant à nouveau sa Maserati 250F six cylindres, le grand maître costaud de 46 ans a remporté le Grand Prix d'Allemagne avec 3,6 s d'avance sur Mike Hawthorn (Ferrari) après 312 miles d'une course sur l'un des circuits les plus difficiles d'Europe, avec Peter Collins (Ferrari) à une demi-minute derrière.

« Fangio commença la course avec un réservoir à moitié plein, prit la tête devant Hawthorn au bout de deux tours, mena pendant les neuf tours suivants, ravitailla, retomba à la troisième place et reprit la tête huit tours plus tard à deux tours de l'arrivée. Il devait battre le record presque à chaque tour pour gagner et c'est ce qu'il fit. Et pendant cette course étonnante, accomplie avec une exactitude sans égal, il battit dix fois le record du tour, le laissant à la vitesse stupéfiante de 91,84 miles à l'heure avec une voiture de 2,5 litres sans compresseur. Sa moyenne pour la course, 88,79 miles à l'heure malgré son ravitaillement et un changement de pneus, a été plus rapide que son propre record du tour 1956. »

Seuls Mike et Peter constituèrent une véritable menace ce dimanche après-midi là en Allemagne. Malgré le talent indubitable de Moss, Brooks et Lewis-Evans, les Vanwall furent mal à l'aise sur le circuit ondulant du Nurburgring et ne furent jamais menaçantes. Tous les témoignages concordent pour dire que ce fut une course assez ennuyeuse dès le début et que le Champion du Monde fut pratiquement le seul homme à regarder. Rodney Walkerley à nouveau :

« Fangio commença à conforter son avance, battant le record tour après tour avec une régularité d'horloge qui nous laissa bouche-bée mais sa voiture n'était jamais droite, le nez toujours dirigé vers l'extérieur de la route, les roues coupant les bords en une démonstration à couper le souffle qu'on n'avait plus revue depuis Nuvolari.

« Pendant les essais, nous avons suivi un tour depuis la passerelle au-dessus de la piste au bout de la ligne droite ondulante d'un mile de long, là où la route s'incurve à gauche puis à droite. Fangio jaillit de dessous la passerelle avec un son semblable à une explosion, le pied à fond après l'avoir à peine soulevé 200 mètres plus tôt ; il prit la courbe en dérapage total, se battant avec les roues tout du long et disparut, incroyablement plus rapide que n'importe qui d'autre à un point tel qu'il fit paraître Mike Hawthorn lent, ce qu'il n'était certainement pas. »

A mi-distance (11 tours), Fangio avait presque 30 secondes d'avance sur Mike qui était lui-même suivi par Peter à 3 secondes. Au tour suivant, la Maserati s'arrêta au stand et Fangio sortit pour boire pendant que les mécaniciens prenaient tranquillement 52 secondes pour changer les roues arrière et refaire le plein de la voiture, les Ferrari engloutissant l'avance de Fangio.

« Je devançais Peter de quelques mètres », écrivit Mike dans *Challenge Me The Race*, et, comme nous déboulions de la route étroite sur le vaste plateau de ciment entre les tribunes et les stands, nous avons vu la foule debout, qui nous saluait et nous acclamait ce qui ne pouvait signifier qu'une chose : Fangio avait dû s'arrêter. Mais était-il simplement devant où l'avions-nous dépassé quelque part ? A ce moment-là, il était à son stand en train de ravitailler et de changer de pneus à l'arrière mais, à 140 miles à l'heure, nous n'avons pas pu repérer sa voiture qui devait être entourée par les mécaniciens, les officiels et les photographes. Nous savions seulement qu'il nous fallait avancer le plus vite possible pour que le stand nous donne notre position au tour suivant.

En repassant devant les stands, elle était affichée : nous avions 45 secondes d'avance sur Fangio. Au tour suivant, notre avance était de 48 secondes et j'ai pensé que Fangio devait avoir des ennuis : avait-il perdu une vitesse ou son moteur était-il en train de lâcher ? Quoi qu'il en soit, la victoire semblait nous être acquise et, en passant dans la ligne droite, j'ai fait signe à Peter de s'approcher à côté et je lui ai fait signe que ça n'allait pas pour Fangio qui semblait avoir un problème. Il acquiesça de la tête, me fit signe que tout allait bien puis me désigna en formant le chiffre un du doigt et fit un deux dans sa direction. Il voulait que je gagne et était prêt à prendre la deuxième place ce que j'ai trouvé un très beau geste sportif ; cela nous épargnerait en outre de lutter l'un contre l'autre et peut-être de faire casser les deux voitures. »

Il se pourrait bien que ce « geste sportif » de Peter leur ait coûté la course car les 14,5 miles que représentait un tour du Nürburgring signifiait que les indications données par les stands avaient dix minutes de retard et pendant que Mike et Peter étaient en train de jouer à « Après vous, mon ami mate ! » Fangio venait de commencer la course de sa vie. Utilisant la quatrième et la cinquième là où il avait auparavant utilisé la troisième et la quatrième, il emmena la Maserati à fond autour du « Ring », réduisant rapidement l'avance des Ferrari. Au 16e tour, elle n'était plus que de 16 secondes puis de 25,5, puis de 20. Au 19e tour, elle était de 13,5 secondes.

« Le personnel du stand Ferrari était en effervescence mais les deux Anglais ne pouvaient pas aller plus vite », écrivit Rodney Walkerley. « Fangio se rapprochait inexorablement (temps : 9 mn 23,4 s ; 90,54 miles à l'heure). Le 20e tour vit une clameur s'élever dans les tribunes et l'hystérie s'installer dans le stand Ferrari : ils gesticulaient, tombaient à genoux pour supplier leurs pilotes et dans le stand Maserati, Ugolini souriait en regardant sa montre. Fangio était sur leurs talons, à trois secondes avec un tour de 91,84 miles à l'heure de moyenne (9 mn 17,4s).

21e tour : Hawthorn, Collins, Fangio, à une longueur l'un de l'autre. Dans la Courbe Nord, Fangio se glissa le long de Collins par l'extérieur, le forçant à prendre au large, et il s'attaqua à Mike. Peter repassa Fangio en un retour magnifique mais Fangio le dépassa à nouveau et, comme il entrait à fond dans la courbe suivante, il mordit l'herbe, fit voler des cailloux et en envoya un dans le visage de Peter, lui cassant ses lunettes. Le caillou atterrit sur ses genoux et, comme Collins négociait le virage à une main, à moitié aveuglé, il balança le caillou et reprit la chasse.

« Mike s'accrocha désespérément à ses quelques longueurs d'avance mais, à l'extrémité du circuit, Fangio se rapprocha, le dépassa et disparut pour terminer le dernier tour d'une course de 312 miles avec tout juste 3,6 secondes d'avance et Collins ralentit, terminant à 32 secondes de Hawthorn.

Avec un soupir de soulagement après une telle tension, nous sommes tous retombés sur nos sièges, presque aussi épuisés que les pilotes…

Chris Nixon, *op. cit.*, 1992

*Génial inventeur de la F1 moderne, Colin Chapman s'est battu toute sa vie pour imposer ses idées, comme celle du double châssis de la Lotus 88.*

Au cours des quatre dernières semaines, nous avons essayé de faire participer l'Essex-Lotus 88 à un Grand Prix, sans succès.

Deux fois elle a été acceptée par les commissaires techniques, deux fois elle a été repoussée par les commissaires sportifs, sous la pression de lobbies. Le tribunal d'appel national américain a jugé cette nouvelle voiture conforme au règlement et a recommandé formellement qu'elle soit autorisée à courir. Elle n'en a pas moins été sortie de la piste par des réclamations et le drapeau noir.

Nous venons d'être à nouveau interdits de participation au Grand Prix d'Argentine, bien que la commission technique de l'Automobile Club d'Argentine ait loué l'innovation des solutions proposées et la valeur de son apport technologique.

A aucun moment durant ces péripéties aucun commissaire sportif ou technique n'a été en mesure de relever une raison valable figurant dans le règlement pour justifier son exclusion Je regrette particulièrement que ceci se soit passé au Grand Prix d'Argentine qui a correspondu à des moments plus plaisants dans l'histoire du Team Lotus. C'est ici, en 1960, que nous avons été accueillis au sein du groupe de concurrents sportifs avec notre première véritable Formule1, qui apportait autant d'innovations que la Essex-Lotus 88 aujourd'hui. C'est également ici qu'en 1977 nous avons aligné la première Formule1 à effet de sol, un concept que tous nos adversaires ont été contraints de copier par la suite.

Au cours de ces années, nous avons assisté à l'évolution qui s'est faite dans les Grands Prix et nous avons vu malheureusement ce qui était une compétition entre sportifs dégénérer en une lutte pour prendre le contrôle et des manœuvres politiques entre manipulateurs et hommes d'argent qui tentaient de prendre plus au sport qu'ils ne lui apportaient.

Nous avons des responsabilités vis-à-vis des spectateurs du Grand Prix et de nos pilotes, c'est ce qui nous a empêchés de retirer nos voitures de cette course. Mais, pour la première fois depuis mes débuts au Grand Prix il y a vingt-deux ans, je ne serai pas dans le stand du Team Lotus durant une course. Durant cette période, aucune équipe n'a remporté plus de courses, plus de championnats, que nous ne l'avons fait. Personne n'a influencé le dessin des voitures de course comme ce fut notre cas, par le biais d'innovations qui commencent déjà à déboucher sur les voitures de tous les jours, en leur apportant une plus grande sécurité et une plus grande frugalité. Malgré cela nous sommes soumis à une pression insupportable de la part de nos rivaux qui craignent qu'une fois de plus nous ayons défriché une voie qu'ils seraient contraints de suivre.

Cette affaire sera présentée au tribunal d'appel de la FIA à Paris d'ici deux semaines. Nous défendrons notre cas avec tous les arguments que nous pourrons réunir pour la défense d'une cause que nous jugeons juste.

Lorsque le verdict en sera connu, je reconsidérerai sérieusement, avec mon bon ami et sponsor David Thieme, si les Grands Prix sont toujours ce qu'ils prétendent être : le pinacle du sport et de la technologie. Malheureusement, il semblerait que ce ne soit plus le cas et si l'on ne nettoie pas la Formule1 elle s'engluera dans un cloaque de plagiats, de chicanes, d'interprétations mesquines des règlements imposés par des lobbies manipulés par des gens pour lesquels le mot « sport » n'a aucune signification. Buenos Aires, le 10 avril 1981, 9 heures.

signé Colin Chapman.

PS : Lorsque vous lirez ceci, je serai en route pour aller assister au lancement de la navette spatiale américaine, un succès à l'actif de l'homme qui me changera de ce qui m'a été infligé depuis quatre semaines.

in Gérard Crombac,
*Colin Chapman,*
*l'épopée Lotus en Formule 1*,
préface d'Enzo Ferrari,
Presses universitaires de France, 1987

**Senna-Prost à Monaco en 1984 : le premier choc**

Alain Prost a les yeux rivés sur le feu de départ. Sous la pluie, il est impératif d'échapper à la bousculade du premier tour – il faut absolument éviter de se retrouver dans le nuage opaque soulevé par la voiture précédente. Les derniers pilotes sur la grille de départ devinent que la course est lancée au bruit qui leur parvient des premières lignes.

Mécaniquement, Ayrton Senna enclenche le premier rapport. Il joue habilement de l'embrayage pour éviter le patinage des roues arrière. Retenant sa respiration, il s'enfonce dans l'ouate.

De tous côtés, les freins des F1 laissent échapper des cris aigus. Le virage à droite de Sainte-Dévote est déjà là. Senna aperçoit fugitivement trois masses sombres sur sa gauche, mais il se force à rester au contact de la petite lumière rouge qui le précède. Les Renault de Tambay et Wanvick se sont accrochées avant même la fin du tour de lancement avec la Ligier-Renault de De Cesaris. Ayrton a ainsi gagné trois places. Il est suivi à bonne distance par un autre débutant, le jeune Allemand Stefan Bellof au volant d'une Tyrrell. A l'entrée du dixième tour, les deux néophytes augmentent la cadence. Senna passe même la Ferrari de Michele Alboreto.

Au onzième tour, à l'approche de la chicane du port, il commet une faute de placement. La Toleman glisse irrésistiblement vers l'intérieur du virage. Le choc avec le trottoir est terrible. La monoplace s'envole sur quelques mètres. Le cœur d'Ayrton s'arrête de battre un instant. L'impact à la réception est plus violent encore. Un élément de la suspension avant se tord, mais ne rompt pas. En une fraction de seconde, le Brésilien constate les dégâts. Le train avant est faussé, le volant n'est plus tout à fait droit mais, par miracle, la voiture peut rouler. Senna reprend son effort pour doubler Keke Rosberg dans le douzième tour.

Nigel Mansell, sur une Lotus, a surpris Alain Prost et caracole en tête. L'Anglais ne semble pas perturbé par la pluie. Pendant six tours, il mène la course que tous les pilotes veulent gagner. A force d'attaquer, il commet pourtant une énorme bévue au sommet dc la montée de Beau-Rivage et s'en va percuter le rail, pour finalement abandonner un peu plus loin. Niki Lauda – qui est en course pour un troisième titre de champion du monde – commet la même erreur sous les balcons de l'hôtel de Paris.

Des trombes d'eau font ployer les palmiers de la Principauté. Le trentième tour de course approche et Ayrton Senna apparaît à la deuxième position pour sa première visite à Monaco. Son rythme est tel qu'il remonte sur la McLaren d'Alain Prost. Le Français conduit prudemment. Il est à l'écoute de ses freins en carbone qui donnent des signes de faiblesse. Au trente et unième tour, Senna a rejoint Prost, bientôt imité par Bellof qui déploie une attaque phénoménale.

Un tour plus tard, Senna ravit le commandement au leader et aperçoit le petit drapeau à damier au moment où il passe la ligne. Il croit avoir remporté la course. En fait, Jacky Ickx a décidé de mettre fin au calvaire des pilotes, les conditions de course étant vraiment très dangereuses. Pour le plus grand désespoir du Brésilien, la compétition n'ayant pas atteint son terme, le classement est celui du tour précédent.

C'est aussitôt une déferlante de protestations. Les supporters de Prost sont évidemment dans le camp du directeur de course, les autres restent dans l'expectative et ne comprennent pas l'interruption de l'épreuve. Jacky Ickx et l'Automobile Club sont accusés de ne pas avoir respecté la procédure légale. La fédération brésilienne en profite pour porter plainte auprès de la F.I.S.A. en essayant de défendre les intérêts de son illustre représentant. Mais quelques jours plus tard, le résultat est confirmé. Alain Prost est définitivement vainqueur de l'épreuve. Après tout, le Français n'a commis aucune faute durant trente-deux tours de démence… Son rival brésilien est abattu, mais il a démontré au monde entier ses qualités de pilote équilibriste. Il n'est plus un débutant mais une valeur montante, à surveiller de près.

Le lundi matin, le ciel est toujours aussi gris et la pluie n'a pas désarmé. Ayrton se jure d'avoir sa revanche sur ce circuit, de nouveau livré aux communs des mortels avec sa circulation, ses horodateurs et ses feux de signalisation.

Lionel Froissart,
*Ayrton Senna,*
*trajectoire d'un enfant gâté*,
Glénat, 1990

## 24 HEURES DU MANS

| | Marque | Pilotes | Distance | Moyenne |
|---|---|---|---|---|
| 1923 | Chenard et Walker | Lagache-Léonard | 2209, 536 km | 92, 064 km/h |
| 1924 | Bentley 3 litres | Duff-Clément | 2077, 340 | 86, 555 |
| 1925 | Lorraine | Courcelles-Rossignol | 2233, 982 | 93, 082 |
| 1926 | Lorraine | Bloch-Rossignol | 2552, 414 | 106, 350 |
| 1927 | Bentley | Benjafield-Davis | 2369, 807 | 98, 740 |
| 1928 | Bentley | Barnato-Rubin | 2669, 272 | 111, 219 |
| 1929 | Bentley | Barnato-Birkin | 2843, 830 | 118, 492 |
| 1930 | Bentley | Barnato-Kidston | 2930, 663 | 122, 111 |
| 1931 | Alfa Romeo | Howe-Birkin | 3017, 654 | 125, 735 |
| 1932 | Alfa Romeo | Sommer-Chinetti | 2954, 038 | 123, 084 |
| 1933 | Alfa Romeo | Nuvolari-Sommer | 3144, 038 | 131, 001 |
| 1934 | Alfa Romeo | Chinetti-Etancelin | 2886, 938 | 120, 298 |
| 1935 | Lagonda | Hindmarsh-Fontes | 3006, 797 | 125, 283 |
| 1937 | Bugatti | Wimille-Benoist | 3287, 938 | 136, 997 |
| 1938 | Delahaye | Chaboud-Trémoulet | 3180, 940 | 132, 539 |
| 1939 | Bugatti | Wimille-Veyron | 3354, 760 | 139, 781 |
| 1949 | Ferrari | Selsdon-Chinetti | 3178, 299 | 132, 420 |
| 1950 | Talbot | Rosier père et fils | 3465, 120 | 144, 380 |
| 1951 | Jaguar | Walker-Whitehead | 3611, 193 | 150, 466 |
| 1952 | Mercedes-Benz | Lang-Riess | 3733, 800 | 155, 575 |
| 1953 | Jaguar | Rolt-Hamilton | 4088, 064 | 170, 336 |
| 1954 | Ferrari | Trintignant-Gonzalès | 4061, 150 | 169, 215 |
| 1955 | Jaguar | Hawthorn-Bueb | 4135, 380 | 172, 308 |
| 1956 | Jaguar | Flockhart-Sanderson | 4034, 929 | 168, 122 |
| 1957 | Jaguar | Flockhart-Bueb | 4397, 108 | 183, 217 |
| 1958 | Ferrari | P. Hill-Gendebien | 4101, 926 | 170, 914 |
| 1959 | Aston Martin | Salvadori-Shelby | 4347, 900 | 181, 163 |
| 1960 | Ferrari | Frère-Gendebien | 4217, 527 | 175, 730 |
| 1961 | Ferrari | Gendebien-P. Hill | 4475, 580 | 186, 527 |
| 1962 | Ferrari | Gendebien-P. Hill | 4461, 225 | 185, 469 |
| 1963 | Ferrari | Scarfiotti-Bandini | 4561, 170 | 190, 071 |
| 1964 | Ferrari | Guichet-Vaccarella | 4695, 310 | 195, 638 |
| 1965 | Ferrari | Gregory-Rindt | 4677, 11 | 194, 880 |
| 1966 | Ford | Amon-Mc Laren | 4843, 090 | 201, 196 |
| 1967 | Ford | Foyt-Gurney | 5232, 900 | 218, 038 |
| 1968 | Ford | Rodriguez-Bianchi | 4452, 880 | 185, 536 |
| 1969 | Ford | Ickx-Oliver | 4998 | 208, 250 |
| 1970 | Porsche | Attwood-Hermann | 4607, 810 | 191, 992 |
| 1971 | Porsche | Marko-Van Lennep | 5335, 313 | 222, 304 |
| 1972 | Matra-Simca | Pescarolo-G. Hill | 4691, 343 | 195, 472 |
| 1973 | Matra-Simca | Pescarolo-Larousse | 4853, 945 | 202, 747 |
| 1974 | Matra-Simca | Pescarolo-Larrousse | 4606, 571 | 191, 940 |
| 1975 | Gulf-Mirage Ford | Ickx-Bell | 4597, 577 | 191, 482 |
| 1976 | Porsche 936 turbo | Ickx-Van Lennep | 4769, 923 | 198, 746 |
| 1977 | Porsche 936 turbo | Barth-Haywood-Ickx | 4671, 630 | 194, 651 |
| 1978 | Renault Alpine | Jaussaud-Pironi | 5044, 430 | 210, 188 |
| 1979 | Porsche 935 | Ludwig-Whittington | 4173, 93 | 173, 913 |
| 1980 | Rondeau-Cosworth | Jaussaud-Rondeau | 4608 | 192 |
| 1981 | Porsche | Ickx-Bell | 4825 | 201 |
| 1982 | Porsche | Ickx-Bell | 4899, 686 | 204, 129 |
| 1983 | Porsche | Holbert-Haywood-Schuppan | 5047, 934 | 210, 330 |
| 1984 | Porsche | Pescarolo-Ludwig | 4900, 276 | 204, 178 |
| 1985 | Porsche | Ludwig-Barilla-Winter | 5088, 507 | 212, 021 |
| 1986 | Porsche | Bell-Stück-Hobert | 4972, 730 | 207, 197 |

| | | | | |
|---|---|---|---|---|
| 1987 | Porsche | Bell-Stück-Hobert | 4791, 777 | 199, 657 |
| 1988 | Jaguar | Lammers-Wallace-Dumfries | 5332 | 221, 665 |
| 1989 | Sauber-Mercedes | Mass-Reuter-Dickens | 5265 | 219, 990 |
| 1990 | Jaguar | Nielsen-Cobb-Brundle | 4882, 400 | 204, 036 |
| 1991 | Mazda | Weidler-Herbert-Gachot | 4922, 810 | 205, 333 |
| 1992 | Peugeot | Warwick-Dalmas-Blundell | 4787, 200 | 199, 340 |
| 1993 | Peugeot | G. Brabham-Bouchut-Hélary | 5100 | 213, 358 |
| 1994 | Dauer-Porsche | Dalmas-Haywood-Baldi | 4678, 400 | 195, 265 |
| 1995 | Mc Laren | Dalmas-Lehto-Sekiya | 4055, 800 | 168, 992 |

## FORMULE 1

**– Championnat du monde des pilotes**

1950 Farina sur Alfa Romeo
1951 Fangio sur Alfa Romeo
1952 Ascari sur Ferrari
1953 Ascari sur Ferrari
1954 Fangio sur Maserati
1955 Fangio sur Mercedes-Benz
1956 Fangio sur Ferrari
1957 Fangio sur Maserati
1958 Hawthorn sur Ferrari
1959 Brabham sur Cooper-Climax
1960 Brabham sur Cooper-Climax
1961 P. Hill sur Ferrari
1962 G. Hill sur BRM
1963 Clark sur Lotus-Climax
1964 Surtees sur Ferrari
1965 Clark sur Lotus-Climax
1966 Brabham sur Repco-Brabham
1967 Hulme sur Repco-Brabham
1968 G. Hill sur Lotus-Ford
1969 Stewart sur Matra-Ford
1970 Rindt sur Lotus-Ford
1971 Stewart sur Tyrrell-Ford
1972 Fittipaldi sur Lotus-Ford
1973 Stewart sur Tyrrell-Ford
1974 Fittipaldi sur Mc Laren-Ford
1975 Lauda sur Ferrari
1976 Hunt sur Mc Laren-Ford
1977 Lauda sur Ferrari
1978 Andretti sur Lotus-Ford
1979 Scheckter sur Ferrari
1980 Jones sur Williams-Ford
1981 Piquet sur Brabham-Ford
1982 Rosberg sur Williams-Ford
1983 Piquet sur Brabham-BMW
1984 Lauda sur Mc Laren-Tag
1985 Prost sur Mc Laren-Tag
1986 Prost sur Mc Laren-Tag
1987 Piquet sur Williams-Honda
1988 Senna sur Mc Laren-Honda
1989 Prost sur Mc Laren-Honda
1990 Senna sur Mc Laren-Honda
1991 Senna sur Mc Laren-Honda
1992 Mansell sur Williams-Renault
1993 Prost sur Williams-Renault
1994 Schumacher sur Benetton-Ford
1995 Schumacher sur Benetton-Renault

**– Championnat du monde des constructeurs**

1958 Vanwall
1959 Cooper-Climax
1960 Cooper-Climax
1961 Ferrari
1962 BRM
1963 Lotus-Climax
1964 Ferrari
1965 Lotus-Climax
1966 Brabham-Repco
1967 Brabham-Repco
1968 Lotus-Ford
1969 Matra-Ford
1970 Lotus-Ford
1971 Tyrrell-Ford
1972 Lotus-Ford
1973 Lotus-Ford
1974 Mc Laren-Ford
1975 Ferrari
1976 Ferrari
1977 Ferrari
1978 Lotus-Ford
1979 Ferrari
1980 Williams-Ford
1981 Williams-Ford
1982 Ferrari
1983 Ferrari
1984 Mc Laren-Tag-Porsche
1985 Mc Laren-Tag-Porsche
1986 Williams-Honda
1987 Williams-Honda
1988 McLaren-Honda
1989 Mc Laren-Honda
1990 Mc Laren-Honda
1991 Mc Laren-Honda
1992 Williams-Renault
1993 Williams-Renault
1994 Williams-Renault
1995 Benetton-Renault

## LES CIRCUITS DE FORMULE 1

**– Par ordre chronologique de Grands Prix** :
Brésil : São-Paulo-Interlagos (mars) 4,325 km
Argentine : Buenos-Aires (mars-avril) 4,259 km
Saint-Marin : Imola (avril-mai) 4,895 km
Espagne : Barcelone (mai-juin) 4,727 km
Monaco : Monte Carlo (mai) 3,328 km
Canada : Montréal (juin) 4,430 km
France : Magny-Cours (juillet) 4,250 km
Grande-Bretagne : Silverstone (juillet) 5,057 km
Allemagne : Hockenheim (juillet) 6,815 km
Hongrie : Hungaroring (août) 3,968 km
Belgique : Spa-Francorchamps (août) 6,974 km
Italie : Monza (septembre) 5,800 km
Portugal : Estoril (septembre) 4,360 km
Japon : Suzuka (octobre) 5,864 km
Pacifique : Aida, au Japon (octobre) 3,703 km
Australie : Adelaïde (novembre) 3,780 km

## LEXIQUE

**ailerons** : appendices placés à l'avant et à l'arrière de la voiture, destinés à la stabiliser à grande vitesse, en lui procurant de l'appui.
**amendes** : elles sont versées à la FIA par tout concurrent contrevenant à l'un de ses nombreux règlements et sont calculées en milliers de dollars.
**appui** : force aérodynamique maintenant la voiture plaquée au sol, notamment dans les courbes.
**aspiration** : technique qui consiste à se placer derrière un concurrent pour profiter de sa trainée aérodynamique.
**atmosphérique** : moteur classique, n'utilisant pas la turbocompression.
**baquet** : siège réalisé aux mensurations exactes du pilote.
**carbone** : matériau léger et très résistant utilisé pour des disques de freins ou pour des éléments de carrosserie comme la coque de survie.
**carburants** : seuls les carburants disponibles dans le commerce sont désormais admis.
**casque** : il est réalisé sur mesures et peint aux couleurs choisies par le pilote, qui en use plusieurs par saison.
**champagne** : rituel d'aspersion, sur le podium. Les bouteilles sont ensuite signées par les pilotes, avant de rejoindre la collection du fournisseur.
**châssis** : naguère en tôle d'acier, en forme de poutre. Puis tubulaire dès la fin des années cinquante. Monocoque en tôle d'aluminium à partir de 1962 avec la Lotus 25. Puis en carbone-kevlar avec la McLaren MP 4 à partir de 1982.
**chicane** : élément installé sur la piste, destiné à ralentir les voitures sur une ligne droite (exemple aux Hunaudières, sur le circuit des 24 Heures du Mans).
**commissaires de piste** : ils signalent les dangers aux concurrents à l'aide de drapeaux de couleurs et interviennent en cas d'accident.
**commissaires sportifs** : ils surveillent la bonne application des règlements et du Code sportif et décident des sanctions à prendre.
**commissaires techniques** : ils veillent à la conformité des voitures aux très nombreux points du règlement technique (poids, cotes, carburant, usage de l'électronique, sécurité...)
**coque** (de survie) : module central de la voiture, enserrant le conducteur. Elle est indéformable, résistante à tous les chocs, ininflammable. Depuis son adoption (obligatoire), beaucoup de pilotes ont eu la vie sauve lors de graves sorties de route.
**délégué médical** : il supervise l'organisation des secours, ainsi que le bloc opératoire mobile, présent lors de chaque compétition.
**directeur de course** : il préside au départ, vérifie que tout est en place, dirige l'ensemble des commissaires, attribue des sanctions, décide des divers aléas de l'épreuve : nouveau départ, interruption, sortie du pace-car...
**directeur sportif** : il est le vrai patron d'une écurie. Flavio Briatore chez Benetton, Jean Todt chez Ferrari, Ron Dennis chez McLaren...
**directeur technique** : ingénieur en chef.
**écrans de contrôle** : chaque stand dispose d'une batterie d'écrans qui retransmettent aussi bien la course que les nombreuses données informatiques fournies par la télémétrie installée à bord des voitures.
**écurie** : en Formule 1, équipe de deux pilotes et de leurs voitures, avec toute sa structure, de l'usine à la piste.
**drapeaux** : *Vert* : départ de la course (piste libre), ou fin d'un danger; *Jaune* : danger; *Jaune agité* : ralentissement obligatoire; *Jaune strié de rouge* : huile sur la piste; *Bleu* : un concurrent veut doubler; *Rouge* : arrêt immédiat de la course; *Noir* : arrêt immédiat du concurrent désigné; *Noir et blanc* : mauvaise conduite du concurrent désigné; *Cercle jaune sur fond noir* : problème technique sur la voiture désignée; *Blanc* : véhicule de secours sur la piste; *Damier noir et blanc* : fin de la course.
**effet de sol** : dépression créée sous le châssis par la vitesse, et qui plaque la voiture vers le sol.

**électronique** : désormais limitée, notamment dans tous les systèmes d'assistance (freins, directions, suspensions...).
**essais** : soit libres, soit qualificatifs afin de déterminer la place sur la grille de départ
**FIA** : Fédération internationale de l'Automobile, dirigée par Max Mosley, ancien pilote et constructeur (March).
**FOCA** : Formula One Constructors Association, dirigée par Bernie Ecclestone, ancien directeur d'écurie (Brabham).
**grille** (de départ) : voitures placées deux par deux dans l'ordre de leurs performances aux essais qualificatifs.
**motor-home** : roulotte-résidence du pilote sur le circuit.
**moustache** : aileron avant
**nomex** : tissu ininflammable servant à la confection de tous les vêtements du pilote.
**pace-car** : voiture de tourisme équipée de girophares destinée à ralentir les concurrents lors d'un danger sur la piste. Ceux-ci ne doivent en aucun cas la dépasser, tout en restant aux positions occupées lors de sa sortie.
**paddock** : ensemble des stands.
**pneumatiques** : plusieurs trains sont utilisés par épreuve. Leur nombre est désormais défini par le règlement.
**podium** : accueille les trois premiers.
**points** : en Formule 1 : 10 pour le premier, 6 pour le deuxième, 4 pour le troisième, puis 3, 2 et 1.
**pole position** : le pilote le plus rapide sur un tour aux essais qualificatifs est en pole position. Au départ, il se mettra sur la première ligne de la grille de départ.
**slick** : pneu lisse utilisé par temps sec.
**sous-virage** : la voiture chasse de l'avant.
**starter** : personne chargée de donner le départ d'une épreuve.
**stop-and-go** : arrêt de dix secondes sanctionnant une faute, telle que départ anticipé ou trop grande vitesse dans l'allée des stands.
**sucette** : synonyme argotique d'aspiration.
**survirage** : la voiture chasse de l'arrière.
**télémétrie** : système de contrôle électronique reliant la voiture à son stand.
**warm up** : galop d'essai quelques heures avant le départ de l'épreuve.

## BIBLIOGRAPHIE


Arron, Simon, *Graham Hill*, Hazleton, Londres, 1992.
Carnegie, Tom, *Indy 500. A great american tradition*. McGraw-Hill, New York, 1987.
Chimits, Xavier et Granet, François, *Williams-Renault, L'album de la Formule 1*, Solar, 1993.
Crombac, Gérard, *Colin Chapman, l'épopée Lotus en Formule 1*. PUF, 1987.
Daley, Robert, *The cruel sport*, Studio Vista, Londres, 1965.
Domecq, Jean-Philippe, *Ce que nous dit la vitesse*, Quai Voltaire, Paris, 1994.
– *Sirènes, sirènes*, Seuil, Paris, 1985.
Ferrari, Enzo, *Mes Joies terribles*, Robert Laffont
– *Piloti, che gente...*, Conti, Bologne, 1985.
Fiszman, Jean-Louis, *La Formule 1 illustrée de A à Z*, La Sirène, Paris, 1994.
Froissart, Lionel, *Ayrton Senna. Trajectoire d'un enfant gâté*, Glénat, 1990.
Gauld, Graham, *Jim Clark, Portrait of a great driver*. Paul Hamlyn, Londres, 1968.
Hill, Graham et Damon, *Life at the limit*, PSL, Londres, 1993.
Henry, Alan, *Nigel Mansell, world champion*, Hazleton, Londres, 1992.
– *The quest for speed. Modern racing car design and technology*. Patrick Stephens, Londres, 1993.
Hilton, Christopher, *Alain Prost*, Solar, 1993.
Howard, Anthony, *Behind the scenes in motor racing*, Partridge Press, Londres 1992.
Ludvigsen, Karl, *Gurney's eagles*, MBI, Londres, 1994.
Moity, Christian et Teissedre, Jean-Marc, *Le Mans 1923-1992*. JP. Barthélemy, Besançon 1992.
Moretti, Valerio, *When Nuvolari raced*, Veloce, Milan, 1994.
Murphy, Daryl E., *Carrera Panamerica*, Motor-Books, Londres, 1994.
Nixon, Chris, *Mon ami Mate*, Retroviseur, 1994.
Pascal, Dominique, *Porsche au Mans*, EPA, 1992.
Pritchard, Anthony, *Grand Prix Racing*, Aston, Bourne End, 1991.
– *Lotus, All the cars*, Aston, Bourne End, 1992.
Robson, Graham, *A-Z works rally cars 1940-1990*, Bay View, Londres, 1994.
Roy, Jean-Luc, *Dans les coulisses de la Formule 1*, Albin Michel, 1989.
Schlegelmilch, Rainer W., *Formula 1. Portraits of the 60's*, Könemann, Cologne, 1994.
– *Grand Prix, Fascination Formula 1*, Könemann, 1993.
Schrader, Halwart et Demand, Carlo, *Les Mercedes à compresseur*, Edita, Lausanne, 1979.
Viart, Bernard et Cognet, Michel, *Jaguar. Sport et tradition*, EPA, 1983.
Zagari, Franco, *Bugatti, la gloire*, Alfieri-Automobilia, Milan, 1994.

27
Agip
Marlboro
Goodyear
Agip

## TABLE DES ILLUSTRATIONS

### COUVERTURE



### OUVERTURE



### CHAPITRE I



### CHAPITRE II

52/53 Alain Prost et Ayrton Senna.
53b Ayrton Senna.
54 Ravitaillement en Formule 1.
54/55 Incendie sur le stand Benetton lors d'un ravitaillement au Grand Prix d'Allemagne, à Hockenheim en 1994.
56h Rubens Barrichello sur Jordan à Monaco en 1993.
56b Vue aérienne du circuit de Monaco
57h Nigel Mansell sur Ferrari lors du Grand Prix d'Espagne en 1990
57b Grand Prix de Saint Marin en 1993.
58 Informatisation de la Formule 1.
58/59 Ayrton Senna.
59b Banderole à la mémoire de Senna lors du Grand Prix de Grande-Bretagne à Silverstone en juillet 1993.
60/61 Départ du Grand Prix d'Allemagne en 1994.
62h Michaël Schumacher, vainqueur du Grand Prix de Saint Marin à Imola en avril 1995.
62b Le drapeau à damier d'arrivée de Formule 1.
63h Foule de supporters de Michaël Schumacher.
63b La Jordan-Peugeot de Rubens Barrichello au Grand Prix d'Europe à Jerez en octobre 1994

## CHAPITRE III

64 Ferrari Formule 1, 1989.
65 Enzo Ferrari.
66h Francesco Baracca devant son avion avec l'emblême du cheval cabré.
66b Enzo Ferrari sur l'Alfa Romeo 8c-2300 avec son coéquipier le mécanicien Ongaro en 1931 (Bobbio-Penice course de côte).
66/67 Célèbres pilotes autour du prototype de l'Alfa Romeo 8c-2300 Monza en 1931.
68h Tazio Nuvolari sur Alfa Romeo en 1935
68b Tazio Nuvolari pose devant l'avion avec lequel il a obtenu son brevet d'aviateur en 1940.
68/69 L'usine de la Scuderia Ferrari en 1929.
70 Enzo Ferrari vers 1950.
71 hg Vittorio Jano en 1924.
71hd Eugenio Dragoni, directeur de course et les ingénieurs Mauro Forghieri et Giancarlo Bussi.
71b La première Ferrari de Formule 1 pilotée par Raymond Sommer.
72/73 L'évolution des Ferrari de 1951 à 1984, dessins aquarellés de Serge Bellu.
74 Juan Manuel Fangio au volant d'une Ferrari en 1956.
74/75h Giuseppe Farina et Alberto Ascari sur la Ferrari 500 F2, Grand Prix d'Italie en 1953.
75b Le pilote John Surtees et Enzo Ferrari en 1953.
76/77 Le stand Ferrari au Grand Prix d'Italie en 1987.
78h Ferrari 166 MM.
78b Le pilote Jean Alesi arrose sa victoire au Grand Prix de F1 du Canada en 1995.
78/79 Supporters de Ferrari lors du Grand Prix de Belgique de F1 en 1993.

## CHAPITRE IV

80 Affiche des 24 Heures du Mans, juin 1959.
81 Olivier Gendebien au départ des 24h du Mans.
82 Les pilotes Raoul Bachmann et Christian Dauvergne sur une Chenard & Walcker, Le Mans 1923.
82/83 Une Chenard & Walcker lors des premières 24h du Mans en 1923.
84/85 Le départ des 24h du Mans en 1937.
86b Les 4 CV de Renault aux 24h du Mans en 1952.
86/87 Vue sur le circuit du Mans depuis la tribune des journalistes, 1961.
88h Un peintre aux 24h du Mans en 1958.
88/89 Froilan-Jose Gonzalez remporte, avec Maurice Trintignant, les 24h du Mans sur Ferrari en juin 1954.
90/91 Terrible accident aux 24h du Mans en juin 1955.
92/93 m La Ford GT 40 au Mans en 1969.
93b La Martini-Porsche 917 K en 1971.
93h Une Matra sur le circuit des 24h du Mans en 1972
94/95 Jean Todt, directeur sportif de Peugeot porté en triomphe par ses pilotes à l'arrivée des 24h du Mans en 1993
95h La Peugeot 905 aux 24h du Mans, 1993.
96h Parade à Indianapolis à l'occasion des 500 miles.
96b Parade à Indianapolis.
97 Le Trophée Borg-Warner à Indianapolis.
98h Course de Nascar.
98b Course de Nascar en 1990.
99h Richard Petty, grand pilote de Nascar
99b Départ d'une course de Nascar.

## CHAPITRE V

100 Le pilote berlinois von Guilleaume dans son Adler Triumph lors de la Coupe des Alpes en 1934.
101 La 4 cyl. Rallye, en 1922.
102/103 Affiche Lancia pour la Panaméricaine, 1953.
103 Une étape de la Panaméricaine dans les années cinquante.
104/105 (détails) Peter Collins au volant de sa Ferrari, à Rome, durant la course des Mille Miglia, 1957.
105h Affiche pour la dix-huitième édition des Mille Miglia, 1951.
106 Réédition de la course des Mille Miglia en 1993.
107 Spyder Porsche lors d'une édition de la course de la Targa

Florio.
108h Une Berliet participant au Rallye automobile de Monaco
108b Mesdames S. de Forest et Odette Siko devant leur Triumph participant au Rallye de Monte-Carlo en 1935.
109h La Simson de Carl Kappler et l'Adler de Mme Holste participant au Rallye de Monte-Carlo en 1928.
109d Affiche pour le seizième rallye automobile de Monte-Carlo, janvier 1937.
110 La pilote Michèle Mouton.
110/111h La Mitsubishi de Carlos Sainz durant le Rallye de Monte-Carlo.
111b Une Citroën ZX dans le Paris-Dakar.
112 Une Ferrari 312 PP sur le circuit de Nürburgring en 1973.

## TEMOIGNAGES ET DOCUMENTS

113 Tazio Nuvolari vainqueur du circuit de l'Ulster.
114b Le pesage des voitures de la course Paris-Madrid en mai 1903, couverture de *L'Illustration*, 23 mai 1903.
115 Les débris de la voiture de M. Loraine-Barrow et le corps du mécanicien lors de Paris-Madrid en mai 1903, couverture de *L'Illustration*, 30 mai 1903.
116 (De gauche à droite) Gigi Villoresi, Enzo Ferrari et Alberto Ascari à Modène en 1953.
118-119 La course des Mille Miglia en 1956.
120 La passerelle Dunlop sur le circuit du Mans.
121 Le départ des 24h du Mans en 1953.
122 Le départ des 24h du Mans en 1959.
123 Le départ des 24h du Mans en 1965.
124 Jacques Villeneuve pendant une course d'Indycar, en 1994.
126 Jean Alesi sur Ferrari pendant le ravitaillement lors du Grand Prix du Canada, 1995.
128 Juan-Manuel Fangio vers 1951.
131 Colin Chapman.
132 Ayrton Senna et Alain Prost 1988-89.
138 Jean Alesi au stand sur Ferrari, au Grand Prix du Brésil en 1994.

# INDEX

## A



## B



## C



## D

## CRÉDITS PHOTOGRAPHIQUES

Agence France Presse, Paris 90-91. Alexander, Jesse 1er plat de couv. (en haut), 45h, 103. Archive Photos, Paris 36-37. Archives Renault, Paris 16h, 84-85. Asset, Bernard, Paris 1er plat de couv. (en bas), 1, 4-5, 8-9, 47h, 48b, 50b, 56b, 57h, 58, 59b, 63b, 76-77, 78b, 78-79, 96b, 97, 120, 124, 126, 131, 138. Automedia / ATP / Thill, Paris 54-55b, Automedia / A. Milena / Abril, Paris 58-59, Automedia / F. Baudin, Paris 106. Coll. Serge Bellu, Paris 13, 14-15, 18b, 18-19, 21h, 24-24, 25h, 26b, 27, 40-41, 44-45, 48h, 71b, 72-73, 102-103, 104-105, 105h, 108h, 118-119. Bildarchiv, Berlin 30-31h, 30-31b. D.P.P.I., Levallois dos de couv., 2-3, 6-7, 33, 43, 44h, 44b, 46-47, 48m, 49h, 49m, 49b, 50-51, 52b, 52-53, 53b, 54-55h, 56h, 57b, 60-61, 62h, 62b, 63h, 64, 78h, 93h, 94-95, 95h, 96h, 98h, 98b, 99h, 99b, 107, 110, 110-111h, 11b, 112, 123, 132. DR 46b, 49h, 114b, 115. Edimedia, Paris 16-17. Freelance, Sydney 2e plat de couv. Gamma, Paris 39h, 65. L'Illustration / Sygma, Paris 70, 82, 82-83. Keystone, Paris 11, 74, 75b, 88h, 88-89, 113, 116, 121, 122, 128. Coll. Serge Laget, Paris 12, 18h, 20h, 24b, 32, 38h, 80, 81. Coll. Dominique Magnien, Paris 28hd, 37b, 38b, 40, 42, 93b, 101, 108b, 109h, 109d. Rapho, Paris 39b (Victor Meussen), 86-87 (J.Windenberger). Roger-Viollet, Paris 20-21, 22-23, 26h, 34-35. Vigne, Jean, Paris 16b. Zagari, Franco, Bologne 28g, 28-29, 29, 66h, 66b, 66-67, 68h, 68b, 68-69, 71hg, 71hd, 74-75.

## REMERCIEMENTS

Les éditions Gallimard remercient les Presses universitaires de France et les éditions Glénat. L'auteur remercie Michel Delapierre, fidèle compagnon du circuit du Mans, ainsi que Jacques Vassal, bugattiste érudit, ferrariste passionné.

## ÉDITION ET FABRICATION

**DÉCOUVERTES GALLIMARD**
DIRECTION : Pierre Marchand et Elisabeth de Farcy.
GRAPHISME : Alain Gouessant. FABRICATION : Violaine Grare. PRESSE-PROMOTION : Valérie Tolstoï
**LA COURSE AUTOMOBILE**
EDITION : Nathalie Palma et Delphine Babelon. ICONOGRAPHIE : Anne Soto.
MAQUETTE : Christophe Saconney (corpus) et Dominique Guillaumin (Témoignages et documents). LECTURE-CORRECTION : François Boisivon et Catherine Houchot.
PHOTOGRAVURE : GG. Call et Arc-en-Ciel. MONTAGE P.A.O : Ductus.

# Table des matières